AUF DICH VERTRAUE ICH

ERICH LEGLER

AUF DICH VERTRAUE ICH

MIT KRANKEN UND STERBENDEN BETEN

SCHWABENVERLAG

Umschlaggestaltung: Finken & Bumiller, Stuttgart
Layout und Satz: Mediendesign Joachim Letsch, Esslingen
Umschlagmotiv: © Sieger Köder, Ich habe dich eingezeichnet in
meine Hand. Rosenberger Altar (Ausschnitt)
Herstellung: Freiburger Graphische Betriebe, Freiburg i. Br.
Printed in Germany

ISBN 3-7966-1079-X

INHALT

GEDANKEN ZUVOR

»Alles hat seine Zeit...« Das Geborenwerden, das Kommen
in die Welt, und das Sterben, das Gehen aus der Welt. Beides ist
ein uns angehendes und betreffendes Geschehen. Beides sind
wir selbst: das Werden und das Entwerden. Dies will gelernt
und gelebt werden.

Aber es wird nicht allein gelernt und gelebt. Wir Menschen brauchen Geburtshilfe, um aus dem Schoß der Mutter
zu kommen, und wir brauchen Sterbehilfe, um in den Schoß
des Vaters heimzugehen. Immer sind dazu gerufen und nötig
liebende Mitmenschen, die uns zum Leben verhelfen.

Das sollte uns ermutigen, diesen Lebens-Dienst wahrzu-
nehmen, anzunehmen, auf uns zu nehmen, vornehmlich auch
für unsere Schwerkranken und Sterbenden. Denn sie warten
auf uns, dass wir sie besuchen, dass wir ihnen begegnen, dass
wir sie begleiten. Sie bedürfen der »Compassio«, des Mitlei-
dens durch unser Wahrnehmen und Fühlen, durch unsere
Zuneigung und Zuwendung, durch unsere Nähe und unser
Bei-ihnen-sein. Sie brauchen unser Hineingehen in ihre Not,
unsere Sensibilität für ihre Situation, unser Aushaltenwollen
ihrer Leidensgeschichte, unsere Hilfe durch (kleine) Handreichungen, unser Dableiben in ihrem Alleinsein.

Leicht ist das nicht. Wenn wir an die Tür des Krankenzimmers anklopfen, wenn wir die Schwelle zum Kranken über-
schreiten und an sein Bett hintreten – zumal auf der Intensiv-
station –, dann müssen wir unser Herz in beide Hände nehmen
in der Spannung und in der Angst, wer auf uns wartet und was
auf uns zukommen wird. Mehr noch: Wenn wir bereit sind, den
kranken Nächsten zu begleiten und ihm beizustehen, dann
lassen wir uns auf einen Weg ein, dessen Stationen wir vorher
nicht kennen. Wir werden mitgenommen in die Verzagtheiten
und in die Hoffnungen, in die Warumlosigkeit und in das Ver-

trauen, in die Dunkelheiten und in die Erhellungen des Kranken und Sterbenden – und erfahren die Tiefen und Höhen des Lebens mit, auch des eigenen.

Daraus entsteht eine Gemeinschaft, eine geistige, seelische, leibhaftige Vertrautheit, in der wir uns einander mitteilen und anvertrauen dürfen. Vielleicht werden sogar ungelöste Fragen und unvergebene Verhältnisse angesprochen, Hinterfragungen von Gott und der Welt. Läuterung und Versöhnung können geschehen.

Wie gut und tröstend ist es da, wenn wir das Leben des Kranken und unser eigenes Leben vor Gott zu bringen versuchen im Gebet. Nicht mit vielen Worten, eher zurückhaltend; nicht mit leeren Formeln, immer wahrhaftig; spontan aus dem Herzen oder mit Gebeten aus langer und geheiligter Tradition der betenden und bittenden Kirche.

Anregungen und Anstöße für die Kranken- und Sterbebegleiterinnen und -begleiter (zu finden nach jeder Kapitelüberschrift) und Hilfen und Texte zum Bedenken und Beten mit Kranken und für Kranke wollen die vorgelegten Gedanken sein. Sie sind an Kranken- und Sterbebetten empfunden, ausgesprochen und zugesprochen worden. Immer haben wir Christen – in der derzeitigen Diskussion um eingreifende, »aktive Sterbehilfe« und um die Verfügbarkeit menschlichen Lebens – Antwort zu geben und zu leben zur Ermutigung, zum Frieden, zum Leben der Gepflegten und der Pflegenden, der Kranken und deren Begleiter in der Familie, im Bekanntenkreis, in der Hospizbewegung. Dafür, für Ihre Bereitschaft Gottes Segen und Bestärkung!

Erich Legler

Wir bringen unser Leben vor Gott

WENN ICH BETE ...

Dann glaube ich, dass Gott nie weiter von mir entfernt ist als ein Gebet, denn er ist in mir;

dann gebe ich meinem Heimweh und meiner Bedürftigkeit nach und will in Gottes Nähe, in Gottes Welt, in Gottes Leben eintauchen;

dann nehme ich Beziehung zu meinem Gott auf, der mich als Suchender, als Fragender, als Zweifelnder, als Fröhlicher, als Trauriger, als Glaubender annimmt;

dann darf ich den Lebensodem Gottes einatmen für meine Seele, für meinen Geist, für meinen Leib und von ihm mich neu beleben lassen;

dann kann ich mich in Gottes Mitte hinablassen, darf in ihm ruhen und in ihm geborgen sein – als sein Kind;

dann halte ich mit Gott Zwiesprache, wortlos oder wörtlich, sage ihm und übergebe ihm alles, was ich auf dem Herzen habe; und höre ihn, was er mir in seiner Liebe sagen will, richtend und rettend – zu meinem Besten und Heil;

dann werde ich ihn lobpreisen und ihm danken für alles Geschenkte in meinem Leben, ihn aber auch bitten in meiner Armut, dass er mir und den mir Anvertrauten fernerhin seine Liebe schenkt, die allein mich glücklich macht;

dann muss ich mich verändern für mein Leben, weil ich nicht von Gott weggehen kann, so wie ich zu ihm gekommen bin: Er will meine Wandlung;

dann darf ich mich Gott ganz geben – übergeben (Gebét heißt ja gébet!), wie er sich mir schon lange gibt.

GOTT HAT FREUDE

an dem Jünger Jesu,
der seine Weisung hört und tut;

der einen Menschen in seiner Krankheit besucht
und ihm beisteht;

der sein Herz für ihn öffnet
und ein Herz für ihn hat;

der sich für ihn Zeit nimmt
und ihm zuhören kann;

der in ihn sich einfühlt
und ihm sein Leiden mitzutragen versucht;

der ihm mit Handreichungen hilft
und ihm eine Freude macht;

der ein Gespür hat für das,
was dem Kranken fehlt, was er braucht;

der ihm in seinen Ängsten
Hoffnung und Zuversicht vermittelt;

der bei ihm ausharrt,
verlässlich und verantwortlich;

der ihm Anvertrautes und Wahrgenommenes
für sich behalten kann;

der mit ihm und für ihn betet
und ihn so vor Gott bringt;

der für sich selbst um die Kraft Gottes bittet,
in der Liebe zu leben und Liebe zu verschenken.

UNSER LEBEN VOR GOTT BRINGEN

Im Namen des Vaters
und des Sohnes
und des Heiligen Geistes.
Amen.

Ehre sei dem Vater
und dem Sohn
und dem Heiligen Geist,
wie im Anfang,
so auch jetzt und alle Zeit
und in Ewigkeit.
Amen.

Ehre ist Gott in der Höhe.
Wir loben dich,
wir preisen dich,
wir beten dich an,
wir rühmen dich und danken dir,
denn groß ist deine Herrlichkeit.
Aus dem Gloria

Wir verehren und lobpreisen Gott,
der ist unser Vater,
allgewaltig an Macht,
durch Jesus Christus,
der ewiges Heil uns gebracht,
im Heiligen Geist,
der unsere Herzen entfacht.

GEBET DES HERRN

Vater unser im Himmel,
geheiligt werde dein Name.
Dein Reich komme.
Dein Wille geschehe,
wie im Himmel, so auf Erden.
Unser tägliches Brot gib uns heute.
Und vergib uns unsere Schuld,
wie auch wir vergeben unsern Schuldigern.
Und führe uns nicht in Versuchung,
sondern erlöse uns von dem Bösen.
Denn dein ist das Reich
und die Kraft
und die Herrlichkeit
in Ewigkeit. Amen.

Mt 6,9–13

GLAUBENSBEKENNTNIS

Ich glaube an Gott, den Vater, den Allmächtigen,
den Schöpfer des Himmels und der Erde,
und an Jesus Christus,
seinen eingeborenen Sohn, unsern Herrn,
empfangen durch den Heiligen Geist,
geboren von der Jungfrau Maria,
gelitten unter Pontius Pilatus,
gekreuzigt, gestorben und begraben,
hinabgestiegen in das Reich des Todes,
am dritten Tage auferstanden von den Toten,
aufgefahren in den Himmel;
er sitzt zur Rechten Gottes,
des allmächtigen Vaters;
von dort wird er kommen,
zu richten die Lebenden und die Toten.
Ich glaube an den Heiligen Geist,
die heilige katholische/christliche Kirche,
Gemeinschaft der Heiligen,
Vergebung der Sünden,
Auferstehung der Toten
und das ewige Leben.
Amen.

BITTE UM VERGEBUNG

Du Gott der Erbarmung,
wenn ich mein Leben bedenke,
dann ist in mir noch vieles unfertig und unreif;
so wenig entspreche ich deinem Bild.
Ich habe viele Gelegenheiten zum Guten
übersehen und übergangen;
so wenig verschenkte ich deine Güte.
Schuldiggebliebenes und Verfehltes
klagen mich an.
In meiner Schwachheit und Unentschiedenheit
versündigte ich mich gegen dich,
gegen meine Mitmenschen und gegen mich selbst;
so wenig lebte ich nach deiner Weisung.
Dies bedrückt mich und macht mich unfrei;
ich suche meine innere Mitte, mein Heilwerden,
ich suche dich.

Du Gott der Versöhnung,
dein Sohn und mein Bruder Jesus Christus
kam als Heiland und Retter zu uns,
um in deinem Namen zu suchen, was sich verlaufen
und um heimzuholen, was sich verloren hat.
Ich bitte um Vergebung für alles,
was nicht recht war vor dir,
für zu wenig Glauben, Hoffnung, Liebe.
Hilf mir,
dass ich umkehre auf deinen guten Weg
und dass ich durch die Läuterung
in meiner Krankheit
ein neuer, bewusster und besserer Mensch werde
in deinem Frieden –
meinen Nächsten zur Freude
und dir zum Lobpreis und zum Dank.

SCHULDBEKENNTNIS / VERGEBUNG

Ich bekenne Gott, dem Allmächtigen,
und allen Brüdern und Schwestern,
dass ich Gutes unterlassen
und Böses getan habe.
Ich habe gesündigt in Gedanken, Worten und Werken
durch meine Schuld, durch meine Schuld,
durch meine große Schuld.
Darum bitte ich
die selige Jungfrau Maria,
alle Engel und Heiligen
und euch, Brüder und Schwestern,
für mich zu beten bei Gott, unserm Herrn.

Der allmächtige Gott erbarme sich unser.
Er lasse uns die Sünden nach
und führe uns zum ewigen Leben. Amen.

Nachlass, Vergebung und Verzeihung unserer Sünden
gewähre uns der allmächtige
und barmherzige Herr. Amen.

Liturgie

CHRISTUS, DU BIST DER KÖNIG DER HERRLICHKEIT

Bezwungen hast du des Todes Stachel
und denen, die glauben,
die Reiche der Himmel aufgetan.
Du sitzest zur Rechten Gottes
und bist in deines Vaters Herrlichkeit.
Dich bitten wir:
Komm deinem Diener/deiner Dienerin zu Hilfe,
denn du hast ihn/sie erlöst
mit deinem kostbaren Blut.
In der ewigen Herrlichkeit
lass uns gehören zu deinen Heiligen.
Rette dein Volk, o Herr,
und segne dein Erbe
und führe sie
und erhebe sie bis in die Ewigkeit.
Auf dich, Herr,
setzen wir unsere ganze Hoffnung,
lass uns in Ewigkeit nicht zuschanden werden.

Aus dem Lobgesang »Te Deum«

ANRUFUNGEN

Gott, du allein bist heilig, groß und gut.
Ich bete dich an und lobpreise dich.

Mein Gott, ich vertraue dir
und vertraue mich dir an.

Gott, ich glaube an dich,
lass mich vertrauender glauben.
Gott, ich hoffe auf dich,
lass mich fester hoffen.
Gott, ich liebe dich,
lass mich dich herzlicher lieben.

Gott, ich suche nichts anderes als dich,
als dich allein.

Vater im Himmel,
ich überlasse mich dir in allem.
Dein heiliger Wille geschehe mit mir.

In deine Hände, Herr, empfehle ich meinen Geist,
meinen Leib, mein Herz, meine Seele,
mein ganzes Leben.

Herr – Gott, du verlässt mich nicht:
Du bist da – immer – für mich.

Barmherziger Vater, verzeih mir meine Sünde.
Und gib mir die Kraft, all denen zu verzeihen,
die mir schuldig geblieben sind.

Vater, lass diesen Kelch an mir vorübergehen.
Doch nicht wie ich will, sondern wie du willst. (Mt 26,39)

Vater, in deine Hände
befehle ich meinen Geist. (Lk 23,46)

Gott, nichts kann mich trennen
von deiner Liebe.

Gott, lass mich dir begegnen und dich erfahren
wie du bist: der gute Vater aller Menschen.

Gott, nimm mein Leben an
und nimm es auf in deine Herrlichkeit.

JESUS-GEBETE

Die Gnade unseres Herrn Jesus Christus sei mit dir!

Jesus, ich glaube, hilf meinem Unglauben. (Mk 9,24)

Herr, du weißt alles,
du weißt auch, dass ich dich liebe. (Joh 21,15)

Jesus Christus, erbarme dich meiner! (Mt 9,27)

Herr, hilf uns, wir gehen zugrunde! (Mt 8,25)

Jesus, dir leb ich – Jesus, dir sterb ich –
Jesus, dein bin ich im Leben und im Tod.
Jesus, sei mir gnädig – Jesus, sei mir barmherzig –
Jesus, führ mich in Gottes Seligkeit.

Herr, bleibe bei uns, denn es will Abend werden
und der Tag hat sich geneigt. (Lk 24,29)

Jesus, sprich nur ein Wort, so werde ich gesund. (Mt 8,8)

Jesus, all meine Hoffnung und all mein Leben bist du.

Heiligstes Herz Jesu, erbarme dich meiner!

Jesus, guter Hirt, du suchst mich, bis du mich findest.
(Joh 10,11)

Jesus, du mein Licht, du mein Leben, du mein Heil!
(Joh 8,12)

Jesus, dir gehöre ich für Zeit und Ewigkeit.

Mein Jesus Barmherzigkeit!

Jesus, du lebst.
Lass auch mich durch dich leben. (Joh 14,19)

Ob ich lebe oder ob ich sterbe, Herr, ich gehöre dir. (Röm 14,8)

Nichts kann uns scheiden von der Liebe Christi. (Röm 8,35)

LITANEI VOM LEIDENDEN JESUS

Jesus, du bist Gottes – und der Menschen – Knecht geworden.
Christus, rette uns!

Jesus, du bist in unsere Verlorenheit gekommen.
Jesus, du hast unsere Armut erfahren.
Jesus, du bist einer von uns geworden.
Jesus, du hast dich uns mit deiner Liebe verschrieben.
Jesus, du hast dich der Schuldiggewordenen angenommen.
Jesus, du hast ein Herz für die Ausgestoßenen.
Jesus, du bist Kranken und Behinderten begegnet.
Jesus, du hast Leidende berührt und geheilt.
Jesus, du hast die Last menschlicher Schuld getragen.
Jesus, du hast die ganze Verlassenheit ausgehalten.
Jesus, du hast Einsamkeit und Todesängste erfahren.
Jesus, du hast dich ins Kreuz der Schmerzen hineinnageln
   lassen.
Jesus, du hast die letzte Trostlosigkeit erlitten.
Jesus, du bist unseren Tod gestorben.

Lamm Gottes, du nimmst hinweg die Sünde der Welt.
Herr, verschone uns!

Lamm Gottes, du nimmst hinweg die Sünde der Welt.
Herr, erhöre uns!

Lamm Gottes, du nimmst hinweg die Sünde der Welt.
Herr, erbarme dich!

JESUS CHRISTUS – DU BIST

Jesus Christus,
du bist nicht nur der Erleuchtete,
du bist mein Licht;
du bist nicht nur der Weisende,
du bist mein Weg;
du bist nicht nur der Wahrhaftige,
du bist meine Wahrheit;
du bist nicht nur der Lebendige,
du bist mein Leben;
du bist nicht nur der Gute,
du bist meine Liebe;
du bist nicht nur die Versöhnung,
du bist meine Vergebung;
du bist nicht nur das Wort,
du bist mein Ja-Wort;
du bist nicht nur der Menschensohn,
du bist mein Bruder;
du bist nicht nur der Retter,
du bist mein Erlöser;
du bist nicht nur Gottes-Mahl,
du bist mein göttliches Brot;
du bist nicht nur die Verheißung,
du bist meine Erfüllung.
Jesus Christus, du bist. Ich glaube.

Sei mit mir an diesem Tag

EINEM KRANKEN BEGEGNEN

Nicht so nebenbei,
nicht eilig, nicht oberflächlich.
Ich begegne ihm mit meinem ganzen Menschsein,
mit den Augen, dem Ohr,
mit Kopf und Herz,
mit jeder Geste, mit jedem Wort.

Dabei nehme ich mich selbst wahr:
meine Befindlichkeit,
meine eigenen Ängste und meine Kraft,
meine Unsicherheiten
und mein Stehen in mir,
mein Gehaltensein durch einen Andern.

Und ich erspüre den Kranken,
sehe ihn, sein Gesicht, seine Gestalt;
höre ihn, was er sagt und was nicht.
Schweige mit ihm zum Durchatmen,
zum Ordnen der Gedanken, der Gefühle.
Geschieht Berührung – zum Leben?

EINEN KRANKEN BESUCHEN

Ich suche ihn mit seinem Namen.
Wo werde ich ihn finden,
im Krankenhaus, bei ihm zu Hause?
Wie werde ich ihn antreffen,
in welcher Verfassung,
vor oder nach einer Operation?

Ich suche ihn auf,
stehe an der Tür des Krankenzimmers.
Ich klopfe an, öffne.
Wie wird er mich annehmen,
fremd, überrascht, bereit?
Dann steh ich an seinem Bett.

Ich besuche ihn.
Tastende Annäherung, erste Worte.
Ich bringe ihm etwas:
mich selber, mein Menschsein,
meine Zuwendung, mein Wohlwollen,
mich, mit meinem Glauben.

KIRCHLICHES MORGENGEBET

Schon zieht herauf des Tages Licht,
wir flehn zu Gott voll Zuversicht:
Bewahre uns an diesem Tag
vor allem, was uns schaden mag.

Bezähme unsrer Zunge Macht,
dass sie nicht Hass und Streit entfacht;
lass unsrer Augen hellen Schein
durch Böses nicht verdunkelt sein.

Rein sei das Herz und unversehrt
und allem Guten zugekehrt.
Und gib uns jeden Tag das Brot
für unsre und der Brüder Not.

Senkt sich hernieder dann die Nacht
und ist das Tagewerk vollbracht,
sei dir all unser Tun geweiht
zum Lobe deiner Herrlichkeit.

Dich, Vater, Sohn und Heil'ger Geist,
voll Freude alle Schöpfung preist,
der jeden neuen Tag uns schenkt
und unser ganzes Leben lenkt.

Aus dem Stundengebet

MORGENGEBET

O Gott, du hast in dieser Nacht
so väterlich für mich gewacht.
Ich lob' und preise dich dafür
und dank' für alles Gute dir.
Bewahre mich auch diesen Tag
vor Sünde, Tod und jeder Plag.
Und was ich denke, red' und tu',
das segne, bester Vater, du.
Beschütze auch, ich bitte dich,
o heiliger Schutzengel, mich.
Maria bitt' an Gottes Thron
für mich bei Jesus, deinem Sohn,
der hochgelobt sei alle Zeit,
von nun an bis in Ewigkeit.

LOB UND DANK

Vater im Himmel,
Lob und Dank sei dir für die Ruhe der Nacht;
Lob und Dank sei dir für den neuen Tag;
Lob und Dank sei dir für alle deine Liebe
und Güte und Treue in meinem Leben.
Du hast mir viel Gutes erwiesen;
lass mich auch das Schwere
aus deiner Hand annehmen.
Du wirst mir aber nicht mehr auferlegen,
als ich tragen kann.
Du lässt deinen Kindern
alle Dinge zum Besten dienen.
Dietrich Bonhoeffer

MORGENGEBET

Ein neuer Tag, Herr Jesus Christ,
ist aufgegangen und geschenkt,
ein Tag, von deinem Licht erhellt.
Hilf mir aus aller Dunkelheit
und steh mir bei in meiner Not.
Lass mich verspüren deine Nähe,
sei du mein Heil und meine Rettung.

Ruf mich zu dir,
wann immer Gott es will,
dass ich durch dich
zum ewgen Leben aufersteh.
Dann darf ich schaun
die Herrlichkeit des Herrn
und für immer sein
bei meinem Vater, der mich liebt.

NUR HEUTE ...

Herr – Gott,
vor dir und den Menschen
will ich diesen Tag leben,
denn du schenkst mir jeden Augenblick.

Ich denk nicht an den gestrigen Tag;
er gehört schon der Vergangenheit an:
Ich lege ihn in deine Vergebung.

Ich denk auch nicht an den morgigen Tag;
er ruht noch im Verborgenen:
Ich lass ihn sein in deiner Fürsorge.

Ich will einfach in deinem Heute leben
und mich geführt und geborgen wissen

von dir, aus dessen Händen
mein Leben und meine Zeit kommen –
mir zum Heil und zum Leben.

Herr – Gott,
vor dir und den Menschen
will ich diesen Tag leben,
denn du schenkst mir jeden Augenblick
aus deiner bleibenden Ewigkeit.

DEIN IST DIE ZEIT
Herr, mein Gott,
mein Leben steht vor dir,
die Tage, Wochen, Monate, Jahre;
das, was ich mit deiner Hilfe gut gemacht,
und das, was ich gefehlt und verfehlt habe.

Jetzt gebe ich meine Zeit zurück
als eine ausgefüllte und erfüllte,
aber auch als eine wenig bewusst gelebte
und mit zu wenig Liebe angefüllte.

Für vieles kann ich dankbar sein,
anderes beunruhigt und bedrückt mich.
Ich will vertrauen und hoffen,
dass du auch meine leeren Hände annimmst.

So nimm mein Leben zurück,
wie es geworden ist in Freude und Not.
Versöhne und vollende du es
in deiner Barmherzigkeit und in Gnaden.

ABENDGEBET

Bevor ich mich zur Ruhe leg',
ich Händ' und Herz zu Gott erheb'
und sage Dank für jede Gab',
die ich von dir empfangen hab'.
Und habe ich beleidigt dich,
verzeih' mir's, Gott, ich bitte dich.
Dann schließ ich froh die Augen zu,
mein Engel wacht ja, wann ich ruh'.
Maria, liebste Mutter mein,
o lass mich dir empfohlen sein.
Und du, mein Heiland, Jesus Christ,
der ja mein Gott und Alles ist,
in deine Wunden schließ mich ein,
dann schlaf ich ruhig, dankbar ein.

ABENDSEGEN

Vater im Himmel,
ich danke dir durch Jesus Christus,
deinen Sohn,
dass du mich an diesem Tag behütet hast.
Ich bitte dich,
vergib mir meine Fehler und Sünden,
alles, was ich Unrecht getan habe.
Behüte mich gnädig in dieser Nacht.
Ich befehle mich,
meinen Leib und meine Seele
und alles, in deine Hände.
Sei du mit mir und bleibe mir gut.

Nach Martin Luther

ABENDGEBET

Bevor des Tages Licht vergeht,
o Herr der Welt, hör dies Gebet:
Behüte uns in dieser Nacht
durch deine große Güt' und Macht.

Hüllt Schlaf die müden Glieder ein,
lass uns in dir geborgen sein
und mach am Morgen uns bereit
zum Lobe deiner Herrlichkeit.

Dank dir, o Vater, reich an Macht,
der über uns voll Güte wacht
und mit dem Sohn und Heilgen Geist
des Lebens Fülle uns verheißt. Amen.

In deine Hände
leg ich voll Vertrauen meinen Geist.
Du hast mich erlöst, Herr, du treuer Gott.
In deine Hände …
Singt das Lob des Vaters und des Sohnes
und des Heiligen Geistes.
In deine Hände …
Aus dem kirchlichen Nachtgebet

BLEIBE BEI UNS

Herr, bleibe bei uns,
denn es will Abend werden
und der Tag hat sich geneigt.
Bleibe bei uns
und bei deiner ganzen Kirche.
Bleibe bei uns am Abend dieses Tages,
am Abend unseres Lebens, am Abend der Welt.
Bleibe bei uns mit deiner Gnade und Güte,
mit deinem heiligen Wort und Sakrament,
mit deinem Trost und Segen.
Bleibe bei uns,
wenn über uns kommt
die Nacht der Trübsal und der Angst,
die Nacht des Zweifels und der Anfechtung,
die Nacht des bitteren Todes.
Herr, bleibe bei uns,
denn es will Abend werden
und der Tag hat sich geneigt.

Georg Christian Dieffenbach

Lass mich ruhen
in deiner Hand

DIE KRANKHEIT

ist für den leidenden Menschen eine besondere Schule, in die er versetzt worden ist.

Er erfährt seine Grenze und Ohnmacht und erspürt, dass er nicht der Alles-Kann ist, sondern letztlich ein Armer und Angewiesener.

Er hört mehr als vordem in sich hinein, nimmt die leisen Töne wahr, auch den Anruf Gottes. Er sieht vieles in einem anderen Licht, es wird ihm wesentliche Einsicht geschenkt. Er kann Wesentliches vom Unwesentlichen unterscheiden, die Wahrheit von der Lüge, das Vergehende vom Bleibenden.

Er gewinnt eine gelassene Distanz zum Tun und Treiben der Gesunden. Er wird dankbar für jeden geschenkten Tag, für die kleinen und tröstlichen Dinge, für jeden Menschen, der es gut mit ihm meint.

Er ist gefordert, in der Nacht der Not und der Prüfung zu glauben und zu vertrauen, dass ein anderer ihn führt und hält.

Er übt sich im hoffenden Warten und in der Geduld, unter'm Kreuz zu bleiben, das einen letzten erlösenden Sinn hat, weil Christus daran gehangen ist.

EINEN KRANKEN BEGLEITEN

Auf seinem Weg –
durch Verzagtheit und Vertrauen.
Meist ist sein Weg
lang, beschwerlich, bedrückend.
Aber ich bleibe dabei, bleibe bei ihm,
solange er mich braucht
in seinem Darniederliegen, am-Boden-Sein.

Ich kann ihm nicht alles abnehmen,
worunter er zu tragen hat.
Aber neben ihm sein und bleiben,
das will ich;
ihn stützen, ihm Halt geben,
mittragen und mitleiden.

Gemeinsam wollen wir den Weg gehen,
der Kranke und ich.
Schritt vor Schritt,
dann wieder aufeinander wartend.
Einfach dem Ziel näher kommen,
zu dem er und ich gerufen sind.

ICH SUCHE DICH, HERR

Mein Leben lang
suche ich dich, Herr:
in den Wundern, die du schufst;
in den Begegnungen mit Menschen,
in denen du dich versteckt hältst;
in jedem guten Wort, das mir weiterhalf;
im Stückchen Brot des heiligen Mahles,
in dem du dich verbirgst.
Ich spüre, dass du da bist.

Mein Leben lang
suche ich dich, Herr:
in der Freude und im Jubel meines Lebens;
in guten und erfüllenden Tagen,
im Glück der Liebe,
in der Gemeinschaft unserer Familie;
in der Arbeit, die ich tun durfte;
aber auch in der Not und Vergeblichkeit;
in der Schöpfung, die im Seufzen liegt;
in der Armut und im Elend vieler Mitmenschen.
Ich weiß, dass du da bist.

Mein Leben lang
suche ich dich, Herr:
Ich höre dein Anklopfen bei mir
ganz deutlich in meiner Krankheit;
du rufst mich auf deinen Weg,
dir nahe zu sein;
du nimmst mich in dein Kreuz
in meinem Nichtmehr-Können;
du heißt mich kommen,
dass mein Leben zum Ziel kommt.
Ich glaube, dass du da bist.

LASS MICH GOTTES HEILUNG ERFAHREN

Herr, ich fühle mich schwach,
ich bin krank.
Plötzlich ist alles anders,
Selbstverständliches ist infrage gestellt.

Ich mache mir Gedanken über meine Zukunft.
Wie wird es mit mir weitergehen?
Ich habe Angst vor dem,
was kommen könnte.
Oft bin ich bedrückt,
dann wieder hoffe ich.
Bei allem bin ich so ohnmächtig,
arm und begrenzt.

Herr, du bist vielen Kranken begegnet.
Du hast ihnen ihre Schuld vergeben,
hast sie in ihrer Mitte angerührt
und ihre Gebrechen geheilt.
Sei auch mir nahe,
lass mich Gottes Heil und Heilung erfahren.
Gib mir von deinem Leben!

Dann lass mich aufstehen
durch die Ermutigung deines Zuspruchs,
in der Kraft deines Lebens.
Wenn du aber anderes mit mir willst,
dann steh mir bei und bleib mir nahe,
dass ich nicht verzage und mich gehen lasse.
Trage du mit mir, trage mich selbst.
Vor allem hilf mir,
dass ich mich in allem dir anvertrauen kann.

BEKENNTNIS ZU CHRISTUS

Jesus Christus,
du bist der Erleuchtete Gottes:
Du bist unser Licht.

Du bist der Weisende Gottes:
Du bist unser Weg.

Du bist der Wahrhaftige Gottes:
Du bist unsere Wahrheit.

Du bist der Lebendige Gottes:
Du bist unser Leben.

Du bist der Gute Gottes:
Du bist unsere Liebe.

Du bist die Versöhnung Gottes:
Du bist unsere Vergebung.

Du bist das Wort Gottes:
Du bist unser Ja-Wort.

Du bist der Sohn Gottes:
Du bist unser Menschenbruder.

Du bist der Retter Gottes:
Du bist unser Erlöser.

Du bist das Mahl Gottes:
Du bist unser Gottes-Brot.

Du bist die Verheißung Gottes:
Du bist unsere Erfüllung.

Jesus Christus, du bist.
Wir glauben.

RETTE DU

Mein Herr und mein Erlöser,
deine Hand liegt schwer auf mir.
Du hast mich gerufen, dir nach.
Hab Geduld, ich komme.

Mein Herr und mein Erlöser,
dein Kreuz lastet auf mir und bedrückt mich.
Die harten und schweren Balken tun weh.
Gib Kraft, ich trage.

Mein Herr und mein Erlöser,
ich suche nach deiner guten Hand.
Führe mich und halte mich fest.
Segne mich, ich danke dir.

Mein Herr und mein Erlöser,
mit dir gehe ich durch Abgründe.
Wenn nur du bei mir bist.
Rette du, ich vertraue dir.

WAS DEINER WEISUNG ENTSPRICHT

Gib mir, Gott,
nicht das,
was ich mir ausdachte.
Gib mir das,
was mir deine gute Nähe
und deine weise Führung schenkt.

Gib mir, Gott,
nicht das,
was ich mir wünschte.
Gib mir das,
was mir weiterhilft
zum reifen Menschsein.

Gib mir, Gott,
nicht das,
was ich mir erbat.
Gib mir das,
was deinem heiligen Willen
und deiner Weisung entspricht.

Gib mir, Gott,
nicht das,
was ich mir ruhelos überlegte.
Gib mir das,
was du dir in deinem Herzen
für mich aufbewahrt hast – zum Leben.

DU BIST DA, MEIN GOTT

Wenn ich nicht mehr kann
und mich selbst aufgeben möchte,
dann bist du da, mein Gott,
um mir wieder Kraft zu sein
und neue Zuversicht.

Wenn ich mich selbst nicht mehr verstehe
und Antwort suche,
dann bist du da, mein Gott,
um mir zu helfen,
mich selbst zu finden.

Wenn ich mich allein gelassen fühle
und ganz verzweifelt bin,
dann bist du da, mein Gott,
um mir meine Einsamkeit zu nehmen
durch deine bergende Gegenwart.

Wenn ich mich wieder freue
und alles leichter wird,
dann bist du da, mein Gott,
um mir Hoffnung zu geben
und mich zum Leben zu ermutigen.

Wenn ich dir dafür danke,
dich lobpreise und anbete,
dann bist du da, mein Gott,
und sagst mir in deiner Güte:
Vertraue nur und vertraue dich mir an!

DU WARTEST AUF MEINE ANTWORT

Herr und Bruder Jesus Christus,
du Heiland und göttlicher Arzt,
ich vertraue dir und vertraue mich dir an.

Du bist den Kranken helfend begegnet.
Du hast ihnen dein gutes Wort zugesprochen.
Du hast ihre Schmerzen und Leiden geheilt.
Du hast unsere Krankheiten auf dich genommen.
Du hast all unsere Last ans Kreuz getragen.

Du weißt um mich, sprichst mich an.
Du klopfst an meine Tür.
Du bittest, dass ich dich einlasse.
Du willst bei mir sein, ganz nahe.
Du hast mit mir etwas vor.

Du bist dabei, mein Leben zu verändern.
Du befreist mich aus Verzagtheit und Angst.
Du wendest meine Not – in Segen.
Du erneuerst mich durch deine Kraft.
Du machst meine Krankheit zu deinem Heil.

Herr und Bruder Jesus Christus,
du Heiland und göttlicher Arzt,
ich vertraue dir und vertraue mich dir an.

DU SCHENKST MIR
Herr, mein Gott,
du schenkst mir das Licht,
die Ermutigung und die Zuversicht,
mein Leben heute zu bestehen.
Gib mir die Einsicht,
was gut und was recht ist.
Gib mir die Kraft,
das zu tun, was dir gefällt.
Gib mir die Geduld,
das Schwere zu tragen.
Gib mir die Hoffnung,
dass alles auf Sinn und Zukunft geschieht.
Gib mir deine Liebe und dein Leben,
dass ich wieder lieben kann –
dich und meine Mitmenschen.

FÜHRE MICH
Guter und verlässlicher Gott,
führe mich und mein Leben
aus Unwesentlichem zum Gültigen,
vom Bösen zum Gutsein,
aus Unmenschlichem zum Frieden,
vom Vergänglichen zum Bleibenden,
aus Schuld zum Versöhntwerden,
vom Tod zum Leben,
aus Dunkelheit zum Licht,
vom Verlorensein zum erfüllenden Leben in dir!

DU KANNST MIR HELFEN

Mein Gott, ich liege im Bett und bin krank.
Meine Kraft ist weniger geworden;
ich spüre es schon lange.
Jetzt bin ich an meine Grenzen geraten;
ich kann nicht mehr.
Es fällt mir schwer,
meine Gedanken zu ordnen, meine Gefühle.
Alles in mir ist durcheinander,
ich bin schwach.
Wird man mir helfen können?
Welche Diagnose werden die Ärzte stellen,
welche Therapie mir verordnen?
Ich fühle mich ausgeliefert
und völlig angewiesen auf andere.

Mein Gott,
ich versuche zu beten, dir zu begegnen.
Alles in mir sucht dich.
Mein Inneres ist offen für dich.
Sag' du mir ein Wort, sprich mir zu,
dass du mir nahe und gut bist.
Dir gebe ich mein Leben, meinen Glauben an dich.
Du kannst mir helfen,
du mir beistehen in meiner Unsicherheit und Angst,
du mich bewahren in deinem Leben.
Denk an dein Versprechen, an deine Zusage erinnere dich:
Du hast mich in deine Hand geschrieben,
dein Kind bin ich,
für das du sorgst und das du lieb hast.

ICH SCHAUE AUF DAS KREUZ
und weiß, dass ich dich, Jesus,
immer daran finde;

und weiß, dass du deinen Jünger
ins Kreuz rufst;

und weiß, dass ich dir am nächsten bin,
wenn ich mit dir leide;

und weiß, dass du mir die Kraft bist,
wenn ich nicht mehr kann;

und weiß, dass du mich hältst,
wenn ich ins Dunkel falle;

und weiß, dass ich in dich hineinsterbe,
wenn ich den Tod erleide;

und weiß, dass ich in dir ruhe,
bis du mich rufst zur Auferstehung.

LIEBE MICH DENNOCH
Mein Herr und mein Gott,
ich ängstige mich – sei du bei mir;
ich bin krank – heile du mich;
ich fühle mich schwach – steh du mir bei;
ich will verzagen – tröste du mich;
ich bin schuldig geworden – nimm du mich an;
ich bin unruhig – lass du mich zum Frieden kommen;
ich kann nicht mehr – sorge du für mich;
ich weiß mich arm – liebe du mich dennoch!
Mein Herr und mein Gott.

ICH ÜBERLASSE MICH DIR
Gott, mein mütterlicher Vater,
du hast es zugelassen, dass ich krank bin.
Nichts geschieht ja ohne dein Wissen und deinen Willen.
Ich habe mich schon lange nicht mehr wohlgefühlt,
ich spürte, wie meine Kraft nachgelassen hat.
Dann erst ging ich zum Arzt,
der mir bestätigte, was ich zuvor ahnte.
Und jetzt liege ich im Krankenhaus zur Behandlung.
Schwestern und Ärzte kümmern sich,
bemühen sich um mich:
sie tun alles in ihrer Möglichkeit.

Das macht mich ruhig und zuversichtlich.
Dennoch bedrängen mich Fragen und
bedrohen mich Ängste.
Ist meine Krankheit heilbar, werde ich wieder gesund?
Wie lange muss ich im Bett bleiben,
wird wohl alles wieder gut?
Letztlich bin ich in deinen Händen, Gott,
in deiner Sorge und unter deinem Schutz.
Ich überlasse mich dir in allem.
Du vermagst, aus meiner Krankheit
deinen Segen zu machen.
Hilf mir glauben, dass du es gut mit mir meinst.

VOR EINER OPERATION
Gott, ich bin so unsicher,
so hin- und hergerissen.
Ich fühle mich bedroht und habe Angst.
Wie wird die Operation verlaufen,
was wird sich zeigen,
wie wird es mit mir weitergehen?
Darf ich hoffen?

Gott, mein Leben ist in deiner Hand.
Dir übergebe ich mich
in meiner Ungewissheit
und mit meinen Sorgen, die ich mir mache.
Führe die Hand der Ärzte,
gib den Helfern Umsicht,
den Schwestern die rechte Verantwortung.

Gott, mir schenke Gelassenheit,
Vertrauen und viel Glauben.
Du machst keinen Fehler.
Du willst meine Rettung.
Alles kannst du zum Guten wenden.
Ich gebe mich in deine Liebe.
Ich vertraue dir!

HERR, ICH KOMME

Herr, ich komme zu dir
als Kranker zum Arzt des Lebens,
als Schuldiggewordener zum Heiland des Erbarmens,
als Blinder zum Licht der ewigen Klarheit,
als Armer zum Herrn des Himmels und der Erde.

Du kannst mir meine Wunden heilen,
du mich rein machen von Schuld,
du mir die Augen öffnen,
du mich mit deinem Leben sättigen.
Herr, ich komme zu dir.

ICH BIN VOLLER UNRUHE

Gott, dir darf ich es sagen:
Ich habe Fragen,
ich bin voller Unruhe,
ich habe große Ängste.
Meine Gesundheit ist angeschlagen.
Es fehlt mir an Kraft,
auch an Zuversicht und Glauben.
Ich weiß nicht,
wie es mit mir weitergehen wird.
Mein Leben
ist mir nicht mehr selbstverständlich.
Vieles ist mir aus den Händen genommen.

Dennoch will ich vertrauen,
dass du mir beistehen wirst.
In Jesus bist du mir nahe.
Mit ihm gehst du in meine Not,
bist bei mir in meiner Krankheit.
Ich bin nicht allein,
wenn ich mein Kreuz tragen muss.
Jesus hilft mir unter meiner Last.
Er trägt mich mit
in meiner Verzagtheit und Schwäche.
Schenke mir durch ihn Kraft.
Und lass mich wieder hoffen.

Du, mein Gott, bist bei mir.
Bleibe bei mir, steh zu mir, bewahre mich.
Meine Hilfe bist du und mein Leben,
meine ganze Hoffnung.

GEBORGEN

Gott, du bist da
und du bist für mich da.
Du weißt um mich,
du schaust mich an.
Meine Unsicherheiten
und Ängste kennst du.
Unruhig bin ich:
Wie wird es mit mir weitergehen?

Gott, ich halte an dir fest.
Du hältst mich in deiner Hand,
in deiner Sorge, in deiner Liebe.
Dies nimmt mir meine Verzagtheit
und meine Mutlosigkeit.
Du vergisst mich nicht
und bleibst mir nahe.
Du bist mein Helfer-Gott.

Gott, du liebst mich,
deshalb willst du immer mein Bestes.
Füge alles, wie du willst.
Dann wird alles
zu meinem Heil und Frieden.
Dir gehöre ich jetzt und immer.
Du führe und bewahre mich –
zu deinem Leben!

DENN WIR VERTRAUEN DIR

Du starker Gott,
sei Zuflucht uns und Schutz.
Birg uns im Mantel deiner Liebe,
wenn über uns kommt die Trauer
und alle Trostlosigkeit.
Halt uns fest,
wenn vieles uns zerbricht
und manches nicht mehr trägt
und wir erkennen müssen,
dass wir in unserem Leben
auf Hohles und Vergehendes gebaut.
Vergib uns das, was wir versäumten
und an Gutem unterließen,
wo schuldig wir geworden sind.
Zu dir wir flüchten,
denn wir vertrauen dir,
dir, dem Gott unserer Liebe.

STÄRKE UNSERE HOFFNUNG AUF DICH

Herr, du hast Kranke geheilt.
Du hast unsere Krankheiten auf dich genommen
und sie mit uns und für uns getragen.
Durch deine Wunden sind wir geheilt.

Wir bitten dich:
Gib uns Geduld von deiner Geduld,
Kraft von deiner Kraft,
Glauben von deinem Glauben:
dass wir tragen können,
was Gott uns aufträgt;
dass wir reif werden in unserer Not,
was Gott zum Heile für uns will.

Stärke unsere Hoffnung auf dich,
erzeige an uns deine Macht
und führe uns aus der Nacht zum Licht,
vom Kreuz in die österliche Freude.

BEI DER GENESUNG
Herr, mein Gott,
ich danke dir und lobpreise dich!

Du bist bei mir gewesen
in meinen dunklen und schweren Tagen.
Deine Nähe ist mir Geborgenheit.

Du hast mir geholfen,
als ich allein und elend war.
Deine Hilfe ist mir Zuversicht.

Du hast meine Krankheit geheilt
und meine Wunden gesund werden lassen.
Dein Heil ist mir Leben.

Du bist mir beigestanden,
hast mich aufgerichtet in meiner Schwäche.
Deine Nähe ist mir Geborgenheit.

Du hast mich wieder auf die Füße gestellt
und mir Mut gemacht zum Leben.
Deine Kraft ist mir Stärke.

Herr, mein Gott,
ich danke dir und lobpreise dich!

DU VERGISST MICH NICHT

Herr, mein Gott, vergiss mich nicht!

Du Gott meiner Kindheit, du Gott meiner jungen Jahre,
du Gott meines Altseins – vergiss mich nicht!

Du Gott meiner Träume, du Gott meiner Erwartungen,
du Gott meines Trostes – vergiss mich nicht!

Du Gott meiner Fragen, du Gott meiner Zweifel,
du Gott meines Vertrauens – vergiss mich nicht!

Du Gott meines Suchens, du Gott meiner Sehnsucht,
du Gott meiner Pilgerschaft – vergiss mich nicht!

Du Gott meiner Traurigkeit, du Gott meiner Ängste,
du Gott meiner Verzagtheit – vergiss mich nicht!

Du Gott meiner Einsamkeit, du Gott meiner Verlassenheit,
du Gott meiner Ausweglosigkeit – vergiss mich nicht!

Du Gott meines Glaubens, du Gott meiner Hoffnung,
du Gott meiner Liebe – vergiss mich nicht!

Herr, mein Gott, du vergisst mich nicht!

ICH DANKE DIR ...

Herr-Gott, guter Vater,
ich danke dir,
denn du hast mir das Leben geschenkt,
mich meinem Weg geführt
und mich behütet all die Jahre.

Jesus Christus, mein Bruder und Retter,
ich danke dir,
denn du bist für mich Mensch geworden,
hast mich befreit aus Sünde und Verlorenheit
und mir Hoffnung gegeben durch deine Auferstehung.

Heiliger Geist Gottes, du mein Tröster,
ich danke dir,
denn du heilst und heiligst mich,
umhüllst mich mit deiner Liebe
und wirst mich bewahren in der Kindschaft Gottes.

Heiligste Dreifaltigkeit,
erweise an mir deine Treue,
jetzt und immer,
lass mich kommen
in dein selig machendes Leben.

ANBETUNG

O Gott, ich bete dich an:
du Weisheit, die mich erdacht,
du Wille, der mich gewollt,
du Macht, die mich geschaffen,
du Gnade, die mich erwählt,
du Stimme, die mich ruft,
du Wort, das mich froh macht,
du Güte, die mich beschenkt,
du Vorsehung, die mich leitet,
du Barmherzigkeit, die mir vergibt,
du Liebe, die mich umfängt,
du Geist, der mich belebt,
du Ruhe, die mich erfüllt,
du Heiligkeit, die mich wandelt,
du Sehnsucht, die mich nicht ruhen lässt,
bis ich dich schaue in deiner Herrlichkeit:
O Gott, ich bete dich an.

Nichts soll dich ängstigen

WARUM ODER WOZU?

Mit der Krankheit kommt die Warum-Frage. Warum ich? Warum schon jetzt? Warum so? Mancher bleibt in diesem quälenden Warum stecken. Wie habe ich dies verdient? Den Leichtsinnigen, den Drauflos-Lebenden geht es besser. Wie kann Gott dies zulassen, gar wollen? Gibt es Gott und gibt es ihn als den guten? So fragen wir. Wir müssten nicht Hiob heißen.

Wenn wir doch nur vom »Warum« zum »Wozu« kämen! Dann wäre das die Umkehrung unserer Fragen, wäre das unsere Bekehrung. Nichts ist sinnlos, auch nicht die Erkrankung. Also wozu?

Die Krankheit ist die Erfahrung unseres Menschseins. Unser Leben ist kein vollkommenes, es ist brüchig, begrenzt. Die Krankheit gehört dazu. Wir sind endliche und sterbliche Menschen, immer an der Todesgrenze.

Unser Kranksein ist eine Krise in unserem Menschsein. Ist aber auch eine neue Entscheidung. Krankheit kann Kräfte in uns wecken: Abwehrkräfte, Lebenskräfte, Glaubenskräfte. Was müssen wir loslassen, was verändern, was bleibt, was ist wesentlich? Krankheit will uns helfen, noch mehr Mensch zu werden, liebende Menschen.

Endlich: Unsere Krankheit ruft uns in die Leidensgemeinschaft Jesu. Sie ist nicht nur ein Nichtseinsollendes, etwas Negatives. Sie ist das Ziehen Jesu – uns zu ihm. Wer mein Jünger sein will, der folge mir nach.

Die rechte Seite bei Jesus ist freigelassen für uns, dass wir in seiner Nähe sind, um an unserem Leibe zu ergänzen, was dem Leibe Christi, der Kirche, noch mangelt – an Leiden, das zur Liebe wird.

DIE KRISE

Jede Krankheit führt uns Menschen in eine Krise, in eine Herausforderung, in eine Entscheidung, in eine existentielle Anruf-Antwort-Situation.

Sie ist ein Einbruch – als vorübergehende Störung oder als unheilbare Erkrankung – in die Selbstverständlichkeit unserer Gesundheit, unserer Vitalität, unseres aktivischen Tuns.

Sie hat verschiedene Ursächlichkeiten: in der Ermüdung und Alterung unseres Zellhaushaltes, aus mangelndem Rhythmus von Arbeiten und Ruhen, von falscher Ernährung und fehlender Bewegung, aus vielerlei Ungeordnetem und Süchten in uns.

Sie ist meist eine Betroffenheit im Gesamten unserer Leib-Seele-Einheit. – Jede Krankheit bringt für uns Menschen Veränderungen und Einschnitte mit sich: Das Nichtmehr-Können, Verunsicherungen, Ängste, Depressionen. Dann die Überlegungen: Wie geht´s weiter? Muss ich gepflegt werden, wer versorgt mich? Bohrende Anfragen lassen nicht zur Ruhe kommen: Warum mich, so und jetzt? Wo ist der gute Gott? Wie habe ich solches verdient? Wir können uns an der Krankheit wundstoßen, wir können darunter zerbrechen. Wir können aber auch durch unsere Krankheit wachsen und reifen.

Beethoven spricht von den Kreuzen, die nicht nur die Musik, sondern auch unser Leben erhöhen. Immer bedürfen die Kranken des Arztes, der Begegnung mit ihm, der Berührung und Heilung durch ihn: Wir können uns dem Arzt Christus anvertrauen!

UM GOTTES GEIST

Atme in mir, du Heiliger Geist,
dass ich Heiliges denke.
Treibe mich, du Heiliger Geist,
dass ich Heiliges tue.
Locke mich, du Heiliger Geist,
dass ich Heiliges liebe.
Stärke mich, du Heiliger Geist,
dass ich Heiliges hüte.
Hüte mich, du Heiliger Geist,
dass ich das Heilige nimmer verliere.

Kirchenvater Augustinus

ALLES IST DIR CHRISTUS

Du suchst Heilung deiner Wunden:
Christus ist dein Heiland.

Du bedarfst der Hilfe:
Christus ist dir die Kraft Gottes.

Du willst der Finsternis entfliehen:
Christus ist dir das Licht.

Du verlangst nach Speise:
Christus ist dir das Brot des Lebens.

Du fürchtest den Tod:
Christus ist dir das Leben.

Du sehnst dich nach dem Himmel:
Christus ist dir der Weg zum Vater.

Christus ist dein Alles.

Kirchenvater Ambrosius

GIB MIR NUR DIE LIEBE

Nimm an, o Herr,
meinen Willen, mein Gedächtnis, meinen Verstand
und alles, was ich habe.
Alles ist von dir,
und ich überlasse es dir wieder.
Gib mir nur die Liebe zu dir und deine Gnade,
und ich bin reich genug
und verlange nichts weiter.

Ignatius von Loyola

LEIDEN CHRISTI, STÄRKE MICH

Seele Christi, heilige mich.
Leib Christi, rette mich.
Blut Christi, tränke mich.
Wasser der Seite Christi, wasche mich.
Leiden Christi, stärke mich.
O guter Jesus, erhöre mich.
Birg in deine Wunden mich.
Von dir lass nimmer scheiden mich.
Vor dem bösen Feind beschütze mich.
In meiner Todesstunde rufe mich,
zu dir zu kommen heiße mich,
mit deinen Heiligen zu loben dich
in deinem Reiche ewiglich.

14. Jahrhundert

ICH WEIHE MICH DIR

Ich glaube an dich, Herr,
aber mach meinen Glauben fest.
Ich hoffe auf dich,
aber stärke meine Hoffnung.
Ich liebe dich,
aber gib mir mehr Liebe zu dir.
Ich bereue meine Sünde,
aber gib mir Kraft zur Umkehr.

Dir weihe ich meine Gedanken,
dass ich an dich denke;
meine Worte,
dass ich von dir spreche;
meine Taten,
dass ich sie nach dir ausrichte;
meine Leiden,
dass ich sie dir zuliebe ertrage.
Ich will, was du willst,
weil du es willst,
so wie du es willst
und soviel du willst.

Papst Clemens XI.

NICHTS SOLL DICH ÄNGSTIGEN
Nichts soll dich ängstigen,
nichts dich erschrecken.
Alles geht vorüber.
Nur Gott allein bleibt derselbe.
Alles erreicht der Geduldige
und wer Gott hat,
der hat alles:
Gott allein genügt.
Teresa von Avila

IN DER NACHFOLGE
Mein Jesus,
ich blicke auf zu dir.
Du bist gekommen,
um für mich auf Erden
zu leiden und zu sterben.
Durch deine Gnade
erwarte ich den Tod
in Frieden und in der Hoffnung,
auf immer mit dir vereint zu sein.

Bis dahin lebe ich dankbar und zufrieden,
sei es mit den Gütern, die du mir gegeben,
sei es mit den Leiden,
die du zu meinem Heil geschickt hast
und die du mir
durch dein eigenes Leben
zu erdulden gelehrt hast.
Blaise Pascal

HERR, TU MIT MIR

Herr, du ordnest
alle Augenblicke meines Lebens.
Tu mit mir,
wie es dir gefällt,
und lass mir deinen Willen
mehr sein als mein Leben.
Gib mir die Kraft,
dass ich deinen Willen annehme,
mein Leben ganz in deine Hände gebe,
die Beschwerden der Krankheit
geduldig trage,
die Sünden meines Lebens bereue,
im Glauben an dich
und in der Liebe zu dir
bis ans Ende verharre,
den letzten Augenblick meines Lebens
aus deiner Hand getrost annehme,
um zu dir zu kommen
und ewig bei dir zu sein.

Johann Michael Sailer

DEINEN WILLEN LASS MICH TUN

Herr, um was soll ich dich bitten?
Du weißt, was ich brauche.
Und du liebst mich mehr,
als ich mich selbst lieben kann.

Vater, so gib mir das,
was gut für mich ist.
Ich gebe dir mein Herz,
ich mache es weit auf für dich.

Sieh meine Not, in der ich bin;
sorge für mich in deiner Güte.
Verwunde oder heile,
beuge mich nieder oder richte mich auf.

Ich bete dich an
und vertraue dir in deinen Fügungen.
Ich bin stille
und bring mich dir zur Gabe.

In allem gebe ich mich dir hin
und habe kein anderes Verlangen,
als deinen heiligen Willen zu tun:
Dir gehöre ich für immer.

Nach Fénelon

HERGABE
Mein Herr und mein Gott,
nimm alles von mir,
was mich hindert zu dir.

Mein Herr und mein Gott,
gib alles mir,
was mich bringt zu dir.

Mein Herr und mein Gott,
nimm mich mir
und gib mich ganz zu Eigen dir.

Nikolaus vom Flüe

IM WILLEN GOTTES

Herr, wie du willst, soll mir geschehn,
und wie du willst, so will ich gehn,
hilf deinen Willen nur verstehn.

Herr, wann du willst, dann ist es Zeit,
und wann du willst, bin ich bereit,
heut und in alle Ewigkeit.

Herr, was du willst, das nehm ich hin,
und was du willst, ist mir Gewinn;
genug, dass ich dein Eigen bin.

Herr, weil du's willst, drum ist es gut,
und weil du's willst, drum hab ich Mut:
Mein Herz in deinen Händen ruht.

Rupert Mayer SJ

ICH ÜBERLASSE MICH DIR

Gott, mein Vater,
ich überlasse mich dir:
Mach mit mir, wie es dir gefällt.
Was du auch mit mir tun magst,
ich danke dir.
Zu allem bin ich bereit,
alles nehme ich an.
Wenn nur dein Wille sich an mir erfüllt
und an allen deinen Geschöpfen.
Ich ersehne nichts weiter, mein Gott.

In deine Hände lege ich meine Seele.
Ich gebe sie dir, mein Gott,
mit der ganzen Liebe meines Herzens,
weil ich dich liebe

und weil diese Liebe mich treibt,
mich dir hinzugeben,
mich in deine Hände zu legen
mit einem grenzenlosen Vertrauen:
Denn du bist mein Vater.

Charles de Foucauld

IN DEINE HÄNDE

In deine Hände
bette ich mich ein.
Ohne Vorbehalt
und ohne Sorgen
übergebe ich dir
diesen Tag.
Sei mein Heute,
sei mein gläubig Morgen,
sei mein Gestern,
das ich überwand.
Frag mich nicht
nach meinen Sehnsuchtswegen –
bin aus deinem Mosaik
ein kleiner Stein.
Wirst mich
an die rechte Stelle legen.
In deine Hände
bette ich mich ein.

Edith Stein

DU WEISST DEN WEG

Gott, zu dir rufe ich:
In mir ist es finster,
aber bei dir ist das Licht.
Ich bin einsam,
aber du verlässt mich nicht.
Ich bin kleinmütig,
aber bei dir ist Hilfe.
Ich bin unruhig,
aber bei dir ist Friede.
In mir ist Bitterkeit,
aber bei dir ist Geduld.
Ich verstehe deine Wege nicht,
aber du weißt den rechten Weg für mich.

Dietrich Bonhoeffer

GLAUBE, HOFFNUNG, LIEBE

An dich glaub' ich,
auf ich hoff' ich,
Gott, von Herzen lieb' ich dich.
Niemand soll mir diesen Glauben,
weder Tod noch Hölle rauben.
Und wenn einst mein Herz will brechen,
will ich noch im Sterben sprechen:
An dich glaub' ich,
auf dich hoff' ich,
Gott, von Herzen lieb' ich dich.

Überlieferung

Wir beten
mit der Kirche

DIE PERLENSCHNUR

Es waren fromme Menschen, welche das Leben Jesu – durch seine Mutter Maria erzählt – schon seit früher Zeit betrachtet und gebetet haben. Seitdem ist der Rosenkranz zu einer Urform christlicher Meditation geworden, zum Brevier des Gottesvolkes, zu einem Grundvorgang erlösten Menschseins: im Leben – Sterben – Auferstehen.

Die Perlenschnur – wir gehen ihr entlang und lassen uns von ihr halten – ist dafür eine angemessene Zeiteinheit des Betens geworden mit der Zahl 10. Durch Wiederholungen nehmen wir jeweils ein Heils-Geheimnis Jesu in uns hinein. Es wirkt und bewirkt in uns das, was wir glaubend sagen und betend aussprechen. Durch den Rhythmus des Rosenkranzes kommt in uns auch eine innere Ruhe auf, ein heiliges Gleichmaß in unser Leben. Im gemeinsamen Beten des Rosenkranzes, in einer Gruppe, in der Gemeinde, mit ähnlicher Stimmführung, geschieht zudem Gemeinschaft; wir werden eins miteinander und mit Gott. Wichtig wäre, die Gebetsschnur zu »entknoten« und sich mit dem Rosenkranzbeten einzulassen. Es muss nicht immer der ganze Rosenkranz sein, besonders der Kranke darf nicht überfordert werden. Gut ist es zudem, auch andere Geheimnisse aus dem Leben Jesu ins Gebet einzufügen oder es auch mit dem alten Christusgebet, an Stelle des »Ave Maria«, zu versuchen: Sei gepriesen, Herr Jesus Christus, Sohn des lebendigen Gottes ...

...der sich der Kranken erbarmt.

Du bist der Erlöser der Welt,
unser Herr und Heiland.
Komm, Herr Jesus, und steh uns bei,
dass wir alle Zeit mit dir leben
und in das Reich des Vaters gelangen. Amen.

RUF MAL WIEDER AN!

Den lieben Gott!
Er ist jederzeit zu sprechen.
Er wartet auf unseren Anruf –
zum Familientarif der Kinder Gottes.
Zuerst die Vorwahl:
konzentrieren, sich zusammenrufen,
sich sammeln, still werden.
Nicht einfach ins Gespräch hineinstolpern.
Gott, du weißt um uns. Wir suchen dich.
Dann die Rufnummer:
Unter 5015 ist Gott zu erreichen:
»Rufe mich an in der Not,
ich werde dich retten.« (Psalm 50,15)
Ja, er rettet.
Nicht immer nach unserem Kopf.
Aber immer zu unserem Heil, Segen, Leben.
Bedenken wir:
Telefonieren ist kein Monolog.
Telefonieren ist Dialog.
Im Lob und Dank, in der Anbetung und Fürbitte
sagen wir unsere Worte.
Aber dann sollten wir auch ihn zu Wort kommen lassen,
sollten auf sein Wort hören, was er uns sagen will –
gerade in unserem Kummer, in unserer Krankheit.
Zu beachten ist:
Durch ein augenblickliches Belegtzeichen
dürfen wir uns nicht abhalten lassen.
Gott hat viele Telefonate zu tätigen.
Liebende versuchen es einfach immer wieder –
am Morgen, am Mittag, am Abend
und zehn- und hundertmal in den Sorgen:
Gott, guter Vater, erbarme dich unser!
Seien wir gewiss:
Er hört und erhört uns!

DAS ROSENKRANZ-GEBET

ERÖFFNUNG

Im Namen des Vaters und des Sohnes und des
    Heiligen Geistes. Amen.
Ich glaube an Gott, den Vater, den Allmächtigen…
Ehre sei dem Vater und dem Sohn…

GEBET UND BETRACHTUNG

Vater unser… Gegrüßet seist du, Maria…
– Jesus, der in uns den Glauben vermehre.
Heilige Maria, Mutter Gottes…
Gegrüßet seist du, Maria…
– Jesus, der in uns die Hoffnung stärke.
Heilige Maria, Mutter Gottes…
Gegrüßet seist du, Maria…
– Jesus, der in uns die Liebe entzünde.
Heilige Maria, Mutter Gottes…
Ehre sei dem Vater und dem Sohn…
Vater unser… Gegrüßet seist du, Maria…

DIE FREUDENREICHEN GEHEIMNISSE

– Jesus, den du, o Jungfrau, vom Heiligen Geist empfangen
    hast
– Jesus, den du, o Jungfrau, zu Elisabet getragen hast
– Jesus, den du, o Jungfrau, geboren hast
– Jesus, den du, o Jungfrau, im Tempel aufgeopfert hast
– Jesus, den du, o Jungfrau, im Tempel wiedergefunden
    hast
Ehre sei dem Vater… Vater unser… Gegrüßet seist du,
    Maria… (so nach jedem Gesätz)

DIE SCHMERZHAFTEN GEHEIMNISSE

– Jesus, der für uns Blut geschwitzt hat
– Jesus, der für uns gegeißelt worden ist
– Jesus, der für uns mit Dornen gekrönt worden ist

– Jesus, der für uns das schwere Kreuz getragen hat
– Jesus, der für uns gekreuzigt worden ist
Ehre sei dem Vater… Vater unser… Gegrüßet seist du,
   Maria… (so nach jedem Gesätz)

DIE GLORREICHEN GEHEIMNISSE
– Jesus, der von den Toten auferstanden ist
– Jesus, der in den Himmel aufgefahren ist
– Jesus, der uns den Heiligen Geist gesandt hat
– Jesus, der dich, o Jungfrau, in den Himmel aufgenommen
   hat
– Jesus, der dich, o Jungfrau, im Himmel gekrönt hat
Ehre sei dem Vater… Vater unser… Gegrüßet seist du,
   Maria… (so nach jedem Gesätz)

DIE TROSTREICHEN GEHEIMNISSE
– Jesus, der als König herrscht
– Jesus, der in seiner Kirche lebt und wirkt
– Jesus, der wiederkommen wird in Herrlichkeit
– Jesus, der richten wird die Lebenden und die Toten
– Jesus, der alles vollenden wird
Ehre sei dem Vater… Vater unser… Gegrüßet seist du,
   Maria… (so nach jedem Gesätz)

DIE HOFFNUNG-MACHENDEN GEHEIMNISSE
– Jesus, der getragen unsre Not
– Jesus, der erlitten unsern Tod
– Jesus, der als Sieger auferstand
– Jesus, der die Sünde überwand
– Jesus, der uns Menschen liebt
– Jesus, der uns das Leben Gottes gibt
Ehre sei dem Vater… Vater unser… Gegrüßet seist du,
   Maria… (so nach jedem Gesätz)

DER KREUZWEG JESU

Wir wollen ihn betrachtend und betend mitgehen, ihn mitleiden und an Jesu Kreuz teilnehmen, damit auch wir teilhaben dürfen an seiner Auferstehung und an seinem Leben.

1. STATION: JESUS WIRD ZUM KREUZESTOD VERURTEILT

Pilatus sagte: Ich bin unschuldig am Blut dieses Menschen. Da rief das ganze Volk: Sein Blut komme über uns und unsere Kinder! Darauf ließ Pilatus den Barabbas frei und gab den Befehl, Jesus zu geißeln und zu kreuzigen (Mt 27,24–26).

Wir beten dich an, Herr Jesus Christus, und preisen dich. Denn durch dein heiliges Kreuz hast du die Welt erlöst.

2. STATION: JESUS NIMMT DAS KREUZ AUF SICH

Jesus sprach zu seinen Jüngern: Wer mein Jünger sein will, der verleugne sich selbst, nehme sein Kreuz auf sich und folge mir nach (Mt 16,24).

Wir beten dich an…

3. STATION: JESUS FÄLLT ZUM ERSTEN MAL UNTER DEM KREUZ

Der Herr stützt alle, die fallen, und richtet die Gebeugten auf. Er ist allen nahe, die ihn anrufen, allen, die zu ihm aufrichtig rufen (Ps 145,14.18).

Wir beten dich an…

4. STATION: JESUS BEGEGNET SEINER MUTTER

Der greise Simeon sagte zu Maria, der Mutter Jesu: Dieser ist dazu bestimmt, dass in Israel viele durch ihn zu Fall kommen und viele aufgerichtet werden; er wird ein Zeichen sein, dem widersprochen wird. Dadurch sollen die Gedanken vieler Menschen offenbar werden.

Dir selbst aber wird ein Schwert durch die Seele dringen
(Lk 2,34–35).

Wir beten dich an …

5. STATION: SIMON VON ZYRENE HILFT JESUS DAS KREUZ TRAGEN

Als sie Jesus hinausführten, ergriffen sie einen Mann aus
Zyrene namens Simon, der gerade vom Feld kam. Ihm
luden sie das Kreuz auf, damit er es hinter Jesus hertrage
(Lk 23,26).

Wir beten dich an …

6. STATION: VERONIKA REICHT JESUS DAS SCHWEISSTUCH

Er hatte keine schöne und edle Gestalt, so dass wir ihn
anschauen mochten. Er sah nicht so aus, dass wir Gefallen
fanden an ihm. Er wurde verachtet und von den Menschen
gemieden, ein Mann voller Schmerzen, mit Krankheit vertraut. Er war verachtet wie einer, vor dem man das Gesicht
verhüllt (Jes 53,2–3).

Wir beten dich an …

7. STATION: JESUS FÄLLT ZUM ZWEITEN MAL UNTER DEM KREUZ

Wir haben nicht einen Hohenpriester, der nicht mitfühlen
könnte mit unserer Schwäche. Wir haben einen, der in allem
wie wir in Versuchung geführt worden ist, aber nicht gesündigt hat (Hebr 4,15).

Wir beten dich an …

8. STATION: JESUS TRÖSTET DIE FRAUEN VON JERUSALEM

Es folgte eine große Menschenmenge, darunter auch Frauen,
die um Jesus klagten und weinten. Jesus wandte sich ihnen
zu und sagte: Ihr Frauen von Jerusalem, weint nicht um
mich; weint über euch und eure Kinder! Denn es kommen

Tage, da man sagen wird: Wohl den Frauen, die unfrucht-
bar sind, die nicht geboren und nicht gestillt haben
(Lk 23,27–29).

Wir beten dich an…

9. STATION: JESUS FÄLLT ZUM DRITTEN MAL UNTER DEM KREUZ

Hört auf mich, ihr vom Haus Jakob, und ihr alle, die ihr
vom Haus Israel noch übrig seid, die mir aufgebürdet sind
vom Mutterleib an, die von mir getragen wurden, seit sie
den Schoß ihrer Mutter verließen. – Ich bleibe derselbe,
so alt ihr auch werdet; bis ihr grau werdet, will ich euch
tragen. Ich habe es getan, und ich werde euch weiterhin
tragen, ich werde euch schleppen und retten (Jes 46,3–4).

Wir beten dich an…

10. STATION: JESUS WIRD SEINER KLEIDER BERAUBT

Die Soldaten nahmen Jesu Kleider und machten vier Teile
daraus, für jeden Soldaten einen. Sie nahmen auch sein
Untergewand, das von oben her ganz durchgewebt und
ohne Naht war. Sie sagten zueinander: Wir wollen es nicht
zerteilen, sondern darum losen, wem es gehören soll. So
sollte sich das Schriftwort erfüllen: Sie verteilen meine
Kleider unter sich und werfen das Los um mein Gewand.
Dies führten die Soldaten aus (Joh 19,23–24).

Wir beten dich an…

11. STATION: JESUS WIRD ANS KREUZ GENAGELT

Sie kamen zur Schädelhöhe; dort kreuzigten sie Jesus
und die Verbrecher, den einen rechts von ihm, den andern
links. Jesus aber betete: Vater, vergib ihnen, denn sie wissen nicht, was sie tun. Dann warfen sie das Los und verteil-
ten seine Kleider unter sich (Lk 23,33–34).

Wir beten dich an…

12. STATION: JESUS STIRBT AM KREUZ

Von der sechsten bis zur neunten Stunde herrschte eine
Finsternis im ganzen Land. Um die neunte Stunde rief Jesus
laut: Eli, Eli, lema sabachtani?, das heißt: Mein Gott, mein
Gott, warum hast du mich verlassen? Einige von denen, die
dabeistanden und es hörten, sagten: Er ruft nach Elija. So-
gleich lief einer von ihnen hin, tauchte einen Schwamm in
Essig, steckte ihn auf ein Rohr und gab Jesus zu trinken. Die
anderen aber sagten: Lass doch, wir wollen sehen, ob Elija
kommt und ihm hilft. Jesus aber schrie noch einmal laut
auf. Dann hauchte er den Geist aus (Mt 27,45–50).

Wir beten dich an...

13. STATION: JESUS WIRD VOM KREUZ GENOMMEN UND IN DEN SCHOSS SEINER MUTTER GELEGT

Da es Rüsttag war, der Tag vor dem Sabbat, und es schon
Abend wurde, ging Josef von Arimathäa, ein vornehmer
Ratsherr, der auch auf das Reich Gottes wartete, zu Pilatus
und wagte es, um den Leichnam Jesu zu bitten... Dieser
überließ Josef den Leichnam. Josef kaufte ein Leinentuch,
nahm Jesus vom Kreuz, wickelte ihn in das Tuch und
legte ihn in ein Grab, das in einen Felsen gehauen war.
Dann wälzte er einen Stein vor den Eingang des Grabes
(Mk 15,42–46).

Wir beten dich an...

14. STATION: JESUS WIRD INS GRAB GELEGT

An dem Ort, wo man Jesus gekreuzigt hatte, war ein Garten
und in dem Garten war ein neues Grab, in dem noch niemand bestattet worden war. Wegen des Rüsttages der Juden
und weil das Grab in der Nähe lag, setzten sie Jesus dort
bei (Joh 19,41–42).

Wir beten dich an...

15. STATION: JESUS IST AM DRITTEN TAG VOM TOD AUFERSTANDEN

Nach dem Sabbat kamen in der Morgendämmerung des ersten Tages der Woche Maria aus Magdala und die andere Maria, um nach dem Grab zu sehen. Plötzlich entstand ein gewaltiges Erdbeben; denn ein Engel des Herrn kam vom Himmel herab, trat ans Grab, wälzte den Stein weg und setzte sich darauf. Seine Gestalt leuchtete wie ein Blitz, und sein Gewand war weiß wie Schnee... Der Engel aber sagte zu den Frauen: Fürchtet euch nicht. Ich weiß, ihr sucht Jesus, den Gekreuzigten. Er ist nicht hier; denn er ist auferstanden, wie er gesagt hat (Mt 28,1–6a).

Wir beten dich an...

Gekreuzigter und auferstandener Herr Jesus Christus, erbarme dich unser!

DIE SIEBEN WORTE JESU AM KREUZ

Jesus spricht: »Vater, vergib ihnen, denn sie wissen nicht, was sie tun« (Lk 23,34a).
So liebt Jesus, dass er seinen himmlischen Vater um Vergebung für die bittet, die ihn kreuzigen.
Jesus, lass uns denen vergeben, die uns Unrecht und Böses getan, die es uns schwer gemacht haben im Leben!

Jesus spricht: »Heute noch wirst du mit mir im Paradies sein« (Lk 23,43).
Der Verurteilte am Kreuz zur Rechten Jesu begegnet dem, der ihn dennoch liebt, trotz seines Vergehens.
Jesus, öffne auch uns die Tür zum Erbarmen Gottes, eröffne uns die Barmherzigkeit unseres Gottes!

Jesus spricht: »Dies ist dein Sohn, dies ist deine Mutter«
(Joh 19,26–27).
Noch im Sterben denkt Jesus an die Seinen und sorgt für sie
weiter.
Jesus, bleibe unseren Angehörigen nahe, nimm sie in deine
Hut, wenn wir nicht mehr für sie da sein können!

Jesus spricht: »Mein Gott, mein Gott, warum hast du mich
verlassen?« (Mt 27,46).
Sterben nimmt uns in die letzte Glaubensprüfung, in die Einsamkeit des Kreuzes.
Jesus, wenn es mit uns soweit ist, dann halte du uns fest in
deinen Armen und halte du zu uns als rettender Bruder!

Jesus spricht: »Mich dürstet« (Joh 19,28).
In seiner Sterbensnot, in seinen Todesqualen ruft Jesus nach
Wasser: Ihn dürstet nach Gerechtigkeit.
Jesus, wir verlangen ebenso nach dem Wasser deiner Gerech-
tigkeit: Möge doch Gott uns Gnade vor Recht ergehen
lassen!

Jesus spricht: »Es ist vollbracht« (Joh 19,30a).
Unser Herr spürt, dass sein Ende auf dieser Erde gekommen
ist. Zugleich weiß er, dass er des Vaters Sendung erfüllt
und das Werk des Heiles für die Menschen getan hat.
Jesus, nimm uns in deine Erlösung hinein, in deine Liebe, die
stärker ist als der Tod!

Jesus spricht: »Vater, in deine Hände lege ich meinen Geist«
(Lk 23,46).
Das ist Jesu Hergabe: Alles für dich!, und seine opfernde Hin-
gabe an den Vater: Alles dir – mein Leben, mein Sterben,
meine Liebe!
Jesus, hilf uns, loszukommen von uns selbst,
um ganz dir zu gehören und durch dich unserem
himmlischen Vater – im Leben und im Sterben!

DURCH DEINE WUNDEN, HERR

Jesus, ich sehe das Kreuz. Du bist ins Kreuz gegangen,
an den Baum unserer Schuld.

Jesus, ich verehre die Wunde deiner rechten Hand;
sie hat Kranke berührt und geheilt, sie hat die
Menschen gesegnet.
Durch deine Wunden, erlöse mich, o Herr!

Jesus, ich verehre die Wunde deiner linken Hand;
sie hat am Boden Liegende aufgehoben, sie hat
Menschen gehalten und geführt.
Durch deine Wunden, erlöse mich, o Herr!

Jesus, ich verehre die Wunde deines rechten Fußes;
mit ihm bist du weite Wege zu den Menschen
gegangen, um ihnen die Botschaft ihrer Rettung
zu bringen.
Durch deine Wunden, erlöse mich, o Herr!

Jesus, ich verehre die Wunde deines linken Fußes;
mit ihm bist du uns Sündern nachgegangen,
um uns heimzutragen zum Vater.
Durch deine Wunden, erlöse mich, o Herr.

Jesus, ich verehre die Wunde deines Herzens;
weit ist deine innerste Mitte offen für alle
Menschen, dass sie in dir Heimat haben.
Durch deine Wunden, erlöse mich, o Herr!

Jesus, ich sehe dich am Kreuz. Durch dein Leiden
und Sterben für uns ist es zum Baum der Gnade
Gottes geworden.

Gottes Wort ist uns Zusage und Zuversicht

GOTTES WORT

Gott ist Gespräch
und Gott ist im Gespräch.
Er sucht den Dialog, die Zwiesprache
mit seinen Menschenkindern:
die Begegnung mit uns,
die Beziehung, den Bund.
Er er-öffnet sein Geheimnis,
sein Wesen, sein Innerstes.
Seine Söhne und Töchter sollen erfahren,
wer er ist und wie er ist.
Er offenbart sich und teilt sich mit.
Sein Wort, er selbst,
berührt den hör- und gottfähigen Menschen;
es fällt in ihn ein,
betrifft und bewegt.
Und Menschen erahnen ihn, nehmen ihn wahr,
erkennen ihn, glaubend – wissend:
Er ist Gott, der mich meint,
der mit mir geht
und für mich da ist in Treue.

Durch so Berührte und Angesprochene,
durch Väter und Propheten Israels
spricht sich Gott aus und spricht sich zu.
Zuletzt durch seinen Sohn Jesus Christus.
In ihm und durch ihn
wird Gottes neu-schaffendes Wort
Fleisch, Mensch – hörbar und begreifbar,
rettend und heilend und froh machend:
zur Wahrheit, die wir suchen,
zum Licht auf unserem Weg,
zum Leben, das Gott für uns will.
»Selig, wer das Wort Gottes hört
und danach lebt« (Lukas 8,21).

HOFFNUNG SCHENKEN

Menschen können nicht leben ohne Hoffnung, nicht die gesunden, nicht die kranken. Unser ganzes Sein ist auf Hoffnung angelegt und ausgerichtet.

Wir alle leben vom geheimen Versprechen: Du hast noch etwas zu erwarten, Gutes, Zukunft, Leben, das Erfüllende steht noch aus. Wie ein Traum nach vorne ist die Hoffnung, aus Dunkel kann wieder Licht werden, aus Angst neue Zuversicht, aus Verlorenheit die Rettung.

Deshalb müssen wir uns auf Hoffnung hin ausstrecken, dorthin ausschreiten. Unsere größte Hoffnung ist, dass Gott selbst aus dem Tod noch einen Ausweg hat: die Auferstehung zu neuem Leben.

Diese Hoffnung verändert unser Leben grundlegend; wir brauchen nicht mehr zu verzweifeln, es geht mit uns weiter: in die Weite Gottes.

Wer einem Menschen solche Hoffnung zuzusprechen und zu geben vermag, der vermittelt ihm eine Kraft, die in sich das Wunder birgt.

So spricht der Herr, der dich geschaffen und geformt hat:
Fürchte dich nicht, denn ich habe dich befreit und dich
beim Namen gerufen: Du bist mein! Wenn du durch Wasser schreitest, bin ich bei dir; kein Strom reißt dich fort.
Wenn du durch Feuer gehst, wirst du nicht versengen;
keine Flamme wird dich verbrennen. Denn ich, Jahwe,
bin dein Gott, ich, Israels heiliger Gott, bin dein Retter.
Du bist mir teuer, wertvoll und lieb. Fürchte dich nicht,
denn ich bin immer bei dir.

Jesaja 43,1–4

Wort des Herrn: So alt ihr auch werdet, ich bleibe derselbe, ich will euch tragen, bis ihr grau werdet. So habe
ich getan, so will ich euch weiterhin tragen. Ich will
euch heilen, führen und trösten. Friede euch allezeit!

Aus Jesaja 46 und 57

Der Herr spricht: Ich denke Gedanken des Heils und nicht
des Unheils; denn ich will dir Zukunft und Hoffnung geben. Suchst du mich, so findest du mich. Siehe, ich bin
immer mit dir.

Aus Jeremia 29 und 30

Ich bin gewiss, dass weder Tod noch Leben, weder Engel
noch Mächte noch Gewalten, weder Gegenwärtiges noch
Zukünftiges, weder Hohes noch Tiefes noch eine andere
Kreatur uns scheiden kann von der Liebe Gottes, die da
ist in Christus Jesus, unserm Herrn.

Römer 8,38

Wenn ich meine ganze Habe verschenkte, und wenn ich
meinen Leib dem Feuer übergäbe, hätte aber die Liebe
nicht, so wäre ich nichts. Für jetzt bleiben Glaube, Hoffnung, Liebe, diese drei; doch am größten unter ihnen
ist die Liebe.

1 Korinther 13,3.13

Wenn Jesus – und das ist unser Glaube – gestorben und
auferstanden ist, dann wird Gott durch Jesus auch uns
zusammen mit ihm zur Herrlichkeit führen.

1 Thessalonicher 4,14

Selig, wer das Leiden getragen hat: Er wird den Kranz
des Lebens empfangen, den Gott all denen verheißen hat,
die ihn lieben. Ja, der ist glücklich zu preisen: Der Herr ist
voll Erbarmen und Mitleid.

Aus Jakobus 1 und 5

Ist einer von euch bedrückt, dann soll er beten. Ist einer
fröhlich, dann soll er ein Loblied singen. Ist einer von euch
krank, dann soll er die Ältesten der Gemeinde zu sich
rufen. Sie sollen über ihn beten und ihn im Namen des
Herrn mit Öl salben. Das glaubende Gebet wird den Kranken retten, und der Herr wird ihn aufrichten. Wenn er
Sünden begangen hat, werden sie ihm vergeben. Darum
bekennt einander eure Sünden und betet füreinander,
damit ihr geheilt werdet.

Jakobus 5,13-16

Werft all eure Sorge auf den Herrn, denn er kümmert
sich um euch.
1 Petrus 5,7

Wenn dich dein eigenes Herz anklagt, dann wisse:
Gott ist immer größer als dein Herz.
1 Johannes 3,20

Gott ist die Liebe, und wer in der Liebe bleibt, der bleibt
in Gott, und Gott bleibt in ihm.
1 Johannes 4,16b

Der Seher Johannes: Ich hörte eine laute Stimme vom
Thron her rufen: Gott wird bei seinem Volk sein. Er wird
alle Tränen von ihren Augen abwischen. Der Tod wird
nicht mehr sein, auch keine Trauer, keine Klage, keine
Mühsal. Denn was früher war, ist vergangen. Seht, ich
mache alles neu. Ich bin das Alpha und das Omega, der
Anfang und das Ende. Wer durstig ist, den werde ich
aus der Quelle trinken lassen, aus der das Wasser des
Lebens strömt. Wer treu ist, wird dies als Anteil erhalten:
ich werde sein Gott sein, und er wird mein Kind sein.
Offenbarung 21,3–7

Jesus lehrt: Selig, die arm sind vor Gott; denn ihnen gehört das Himmelreich. Selig, die jetzt trauern; denn Gott selbst wird sie trösten. Selig, die nicht gewalttätig sind; denn sie werden das Land erben. Selig, die hungern und dürsten nach Gerechtigkeit; denn sie werden satt werden. Selig, die barmherzig sind; denn sie selber werden Erbarmen finden. Selig, die ein reines Herz haben; denn sie werden Gott schauen dürfen. Selig, die Frieden stiften; denn sie werden Kinder Gottes genannt werden. Selig, die um der Gerechtigkeit willen verfolgt werden; denn ihnen gehört das Himmelreich. Freut euch und jubelt: Euer Lohn im Himmel wird groß sein.

Matthäus 5,1-12

Jesus spricht: Sorgt euch nicht um morgen, denn der morgige Tag wird für sich selbst sorgen. Denn jeder Tag hat genug an seiner Plage. Bittet, dann wird euch gegeben; sucht, dann werdet ihr finden; klopft an, dann wird euch geöffnet. Denn wer bittet, der empfängt; wer sucht, der findet; und wer anklopft, dem wird geöffnet.

Matthäus 6 und 7

Jesus spricht: Kommt alle zu mir, die ihr euch plagt und schwere Lasten zu tragen habt. Ich werde euch Ruhe verschaffen. Nehmt mein Joch auf euch und lernt von mir; denn ich bin gütig und von Herzen demütig; so werdet ihr Ruhe finden für eure Seele. Denn mein Joch drückt nicht, und meine Last ist leicht.

Matthäus 11,28-30

Wort Jesu an uns: Wer mein Jünger sein will, der verleugne sich selbst, nehme sein Kreuz auf sich und folge
mir nach. Denn wer sein Leben retten will, der wird es
verlieren; wer aber sein Leben um meinetwillen verliert,
der wird es gewinnen. Was nützt es einem Menschen,
wenn er die ganze Welt gewinnt, dabei aber sein Leben
einbüßt? Um welchen Preis kann ein Mensch sein Leben
zurückkaufen?

Matthäus 16,24–26

Jesus Christus: Amen, amen, ich sage euch: Wenn das
Weizenkorn nicht in die Erde fällt und stirbt, bleibt es
allein; wenn es aber stirbt, bringt es reiche Frucht.
Wer an seinem Leben hängt, der verliert es; wer aber
sein Leben in dieser Welt gering achtet, der wird es
bewahren ins ewige Leben. Wenn einer mir dienen will,
folge er mir nach; und wo ich bin, dort wird auch mein
Diener sein. Wenn einer mir dient, wird mein Vater ihn
ehren.

Johannes 12,24–26

Gott hat die Welt so sehr geliebt, dass er seinen einzigen
Sohn hingab, damit jeder, der an ihn glaubt, nicht zugrunde geht, sondern das ewige Leben hat. Denn Gott
hat seinen Sohn nicht in die Welt gesandt, damit er die
Welt richtet, sondern damit die Welt durch ihn gerettet
wird.

Johannes 3,16–17

Christus sagt uns zu: Ich bin das Licht der Welt. Wer mir nachfolgt, wird nicht in der Finsternis umhergehen, sondern wird das Licht des Lebens haben. Ich bin die Auferstehung und das Leben. Wer an mich glaubt, wird leben, auch wenn stirbt; und jeder, der lebt und an mich glaubt, wird auf ewig nicht sterben.

Aus Johannes 8 und 11

Der Auferstandene spricht: Seid gewiss: Ich bin bei euch alle Tage bis zur Vollendung der Welt.

Matthäus 28,20b

Jesus betet: Vater, ich will, dass alle, die du mir gegeben hast, dort bei mir sind, wo ich bin. Sie sollen meine Herrlichkeit sehen, die du mir gegeben hast.

Johannes 17,24

Jesus Christus: Euer Herz lasse sich nicht verwirren. Glaubt an Gott und glaubt an mich! Im Haus meines Vaters gibt es viele Wohnungen. Wenn es nicht so wäre, hätte ich euch dann gesagt: Ich gehe, um einen Platz für euch vorzubereiten? Wenn ich gegangen bin und einen Platz für euch vorbereitet habe, komme ich wieder und werde euch zu mir holen, damit auch ihr dort seid, wo ich bin.

Johannes 14,1-3

Jesus, der Friede Gottes: Frieden hinterlasse ich euch,
meinen Frieden gebe ich euch; nicht einen Frieden,
wie die Welt ihn gibt, gebe ich euch. Euer Herz ängstige
sich nicht und verzage nicht!

Johannes 14,27

Höre mein Rufen!

Psalmen

»GESÄNGE MIT SAITENSPIEL«

Das Buch der Psalmen mit seinen 150 im Verlauf der Geschichte Israels entstandenen und gesammelten Liedern ist das Gotteslob des auserwählten Volkes. Die Gesänge besingen das Verhältnis Jahwes, des einen und wahrhaftigen Gottes, zu den Israeliten.

– Die Klagelieder kommen aus der Not, aus Krankheit, Unglück, Schuldverstrickung.

– Die Danklieder sind Äußerungen von Menschen nach ihrer Errettung aus Bedrohung, aus Gefangenschaft, aus Unfreiheit und Elend; sie enden im Jubel und Lob.

– Die Königslieder danken für das Königtum Jahwes, für seine Erwählung und sein gnädiges Regiment; sie sind auch Ausdruck der Freude über den guten irdischen König Israels.

– Die Weisheitslieder endlich sind Anweisungen für eine gottgewollte Lebensführung der Menschen und des Volkes.

Bis zum heutigen Tag sind die Psalmen das Gebet und die Lieder Israels geblieben. Als ihr Erbe haben die christlichen Kirchen die Psalmen für den Gottesdienst und das Stundengebet übernommen. Aktuell und vielsagend sind die Psalmen für uns geblieben, wenn wir an unserer Jubel- oder Klagemauer stehen.

GIB MIR DEINE HAND

Ich suche eine Hand,
die mich führt und hält,
die mich beruhigt und beschützt.

Ich taste nach einer Hand,
die mich begleitet auf dem Weg,
die mich heilen will, um mich zu retten.

Ich brauche eine Hand,
die stark ist und mich trägt,
die mich ergreift und nicht mehr loslässt.

Ich bitte um eine Hand,
die es gut mit mir meint
und die mich fest umschließt.

Ich sehne mich nach einer Hand,
der ich mich anvertrauen kann,
die treu ist und mich liebt.

Ich suche eine große Hand,
in die ich meine Hände
ganz sorglos hineingeben darf.

Ich überlasse mich einer Hand,
in der ich ruhen will:
Ich überlasse mich dir, meinem Gott.

DU BIST MEIN SCHILD, MEIN SCHUTZ
Wenn auch viele meinen,
für den gibt's keine Rettung mehr von Gott,
so bist du doch meine Hilfe,
mein Gott.
Du bist mein Schild, mein Schutz,
aufrichten kannst du mich wieder.
Deshalb rufe ich zu dir:
Höre und erhöre mich.
Ich lege mich nieder und schlafe,
ich wache wieder auf,
denn in deinen Händen bin ich geborgen.
Gott, so erhebe dich,
mach dich auf und hilf!
Lass mich erfahren deine Nähe und deinen Segen.
Nach Psalm 3

HÖRE DOCH MEIN RUFEN
Herr, erbarme dich meiner
und rechne mir meine Sünde nicht an.
Sei mir gnädig,
mir ist so elend.
Meine Seele ist verstört.
Ich bin erschöpft vom Klagen.
Nachts weine ich,
meine Augen sind voller Tränen.
Wie lange bleibst du denn aus?
Herr, wende dich mir zu und hilf mir!
Höre doch mein Rufen
und nimm an mein Beten.
Erbarme dich meiner,
steh mir bei in meiner Not!
Nach Psalm 6

WARUM HAST DU MICH VERLASSEN?

Mein Gott, mein Gott,
warum hast du mich verlassen,
hörst nicht mein Schreien,
bist fern den Worten meiner Klage?
Mein Gott,
ich rufe bei Tag, doch du gibst keine Antwort,
ich rufe bei Nacht und finde doch keine Ruhe.
Aber du bist heilig und mächtig.
Dir haben schon unsere Väter vertraut
und du hast sie gerettet.
Sieh auch auf mich:
Ich bin kein Mensch mehr, ich bin ein Wurm.
Alle, die mich sehen, schauen weg.
Gott soll ihm helfen, denken sie.
So wende dich mir zu,
lass sehen mich dein Antlitz
und sei nahe mir in meiner Not.
Befreie mein Leben aus Dunkelheit und Angst
und rette mich vor dem Verderben.
Gott, auf dich vertraue ich,
lass mich erfahren deine Treue.

Nach Psalm 22

DER HERR IST MEIN HIRTE
Der Herr ist mein Hirte,
nichts wird mir fehlen.
Er lässt mich lagern auf grünen Auen
und führt mich zum Ruheplatz am Wasser.
Er stillt mein Verlangen;
er leitet mich auf rechten Pfaden,
treu seinem Namen.
Muss ich auch wandern in finsterer Schlucht,
ich fürchte kein Unheil;
denn du bist bei mir,
dein Stock und dein Stab geben mir Zuversicht.
Du deckst mir den Tisch
vor den Augen meiner Neider.
Du salbst mein Haupt mit Öl
und füllst mir reichlich den Becher.
Lauter Güte und Huld
werden mir folgen mein Leben lang:
Im Haus des Herrn darf ich wohnen
für immer und ewig.

Nach Psalm 23

VERLASS MICH NICHT
Vernimm, o Herr, mein lautes Rufen;
sei mir gnädig und erhöre mich!
Ich suche dich,
verbirg dich nicht vor mir;
weise mich nicht ab!
Werde mir zur Hilfe,
verstoß mich nicht.
Verlass mich nicht,
denn du bist der Gott meines Heils!
Wenn mich auch Vater und Mutter verließen,
du, Herr, nimmst mich auf.

So will ich harren auf dich, mein Herr.
Denn du bist mein Licht und mein Heil:
Vor wem sollte ich mich dann fürchten?
Du bist die Kraft meines Lebens:
Vor wem sollte mir bangen?
Vernimm, o Herr, mein lautes Rufen;
sei mir gnädig und erhöre mich!
Nach Psalm 27

DU HAST MICH AUS DER TIEFE GEZOGEN

Herr, mein Gott, ich will dich loben,
denn du hast mich aus der Tiefe gezogen
und überlässt mich nicht meiner Not.
Herr, mein Gott, ich habe zu dir geschrien,
und du hast mich geheilt.
Du hast mich herausgeholt aus dem Reich des Todes,
aus der Schar der Todgeweihten
und mich wieder zum Leben gerufen.
Meine Leiden dauern nur einen Augenblick,
doch deine Güte ein Leben lang.
Wenn man am Abend auch weint,
am Morgen darf wieder Jubel sein.
Herr, zu dir rief ich um Hilfe,
ich flehte dich um deine Gnade an.
Da hast du mich erhört,
mein Klagen in Hoffnung verwandelt
und mir wieder deine Freude geschenkt.
Darum singt dir mein Herz;
es will nicht verstummen.
Herr, mein Gott, ich will dir danken in Ewigkeit.
Nach Psalm 30

VERTRAU AUF DEN HERRN

Vertrau auf den Herrn und tu, was er will,
bleib in seiner Weisung und glaub an ihn!
Freu dich am Herrn;
er gibt dir, was du brauchst.
Befiehl dem Herrn deinen Weg und geh ihn;
gut wird er alles fügen.
Sei still vor dem Herrn und warte auf ihn!

Einst war ich jung, nun bin ich alt,
nie sah ich einen Gerechten verlassen,
seine Kinder brauchen nicht betteln um Brot.
Allzeit ist er da für die Seinen;
er vergisst sie nicht.

So hoffe auf den Herrn
und bleib auf seinem Weg!
Er wird dir geben sein Erbe
und einlösen sein Versprechen.
Der Herr wird die Gerechten retten,
er ist ihre Zuflucht in Zeiten der Not.
Er schenkt ihnen Heil
und gibt ihnen Geborgenheit.

Nach Psalm 37

GOTT, SEI MIR GNÄDIG

Gott, sei mir gnädig nach deiner Huld,
tilge mein Vergehen nach deinem Erbarmen!
Wasch meine Schuld von mir ab
und mach mich rein von meiner Sünde!
Denn ich erkenne das Böse,
meine Sünde steht mir stets vor Augen.
Gegen dich allein habe ich gesündigt,
habe getan, was dir missfällt.
So behältst du Recht mit deinem Urteil,
rein stehst du da:
Denn in Schuld bin ich geboren,
schon von Anfang an.

Verwirf mich nicht von deinem Angesicht,
nimm deinen heil'gen Geist nicht von mir weg!
Entsündige und wasche mich,
dann werde weißer ich als Schnee.
Erschaffe in mir, o Gott, ein neues Herz,
und gib mir wieder einen beständigen Geist!
Mach mich wieder froh mit deinem Heil,
schenk mir einen dir gemäßen Willen,
der tut, was dir gefällt.
Herr, öffne meine Lippen,
dass mein Mund deine Güt' verkünde.

Nach Psalm 51

NUR ER IST MEINE BURG

Bei Gott kommt meine Seele zur Ruhe,
von ihm kommt mir Hilfe.
Nur er ist mein Fels, meine Hilfe, meine Burg;
darum werde ich nicht wanken.

Bei Gott kommt meine Seele zur Ruhe,
von ihm kommt meine Hoffnung.
Nur er ist mein Fels, meine Hilfe, meine Burg;
darum werde ich nicht wanken.

Bei Gott kommt meine Seele zur Ruhe,
von ihm kommt mein Heil, mein Leben.
Nur er ist mein Fels, meine Hilfe, meine Burg;
darum werde ich nicht wanken.

Bei Gott kommt meine Seele zur Ruhe,
von ihm kommt meine Versöhnung, mein Friede.
Nur er ist mein Fels, meine Hilfe, meine Burg;
darum werde ich nicht wanken.

Nach Psalm 62

DICH SUCHE ICH

Gott, du mein Gott, dich suche ich,
meine Seele dürstet nach dir.
Nach dir schmachtet mein Leib
wie dürres, lechzendes Land ohne Wasser.
Darum halte ich Ausschau nach dir im Heiligtum,
um deine Macht und Herrlichkeit zu sehen.
Denn deine Huld ist besser als das Leben;
darum preisen dich meine Lippen.
Ich will dich rühmen mein Leben lang,
in deinem Namen die Hände erheben.
Wie an Fett und Mark wird satt meine Seele,

mit jubelnden Lippen soll mein Mund dich preisen.
Ich denke an dich auf nächtlichem Lager
und sinne über dich nach, wenn ich wache.
Ja, du wurdest meine Hilfe;
jubeln kann ich im Schatten deiner Flügel.

Nach Psalm 63,2–8

REISS MICH AUS DER TIEFE

Hilf mir, o Gott,
schon reichen mir die Wasser bis an den Hals.
In tiefem Schlamm bin ich eingesunken,
meine Füße finden keinen Halt.
Müde bin ich geworden vom Rufen,
meine Stimme ist heiser.
Meine Augen schauen aus nach dir,
meinem Gott:
Ich warte auf dich.

Zu dir bete ich, o Gott,
zur Zeit der Gnade erhöre mich gnädig.
Reiß mich aus der Tiefe,
dass ich nicht versinke,
rette mich aus den dunklen Wassern!
Du hörst ja auf die in Not;
die Fülle deines Erbarmens
schenkst du denen, die dir glauben.

Nach Psalm 69

DENN DU BIST MEINE HOFFNUNG

Herr, bei dir suche ich Zuflucht,
lass mich nicht verloren sein.
reiß mich heraus aus der Tiefe
und rette mich in deiner Gerechtigkeit.
Wende dein Ohr mir zu
und werde mir zur Hilfe.
Du hast doch versprochen, mir beizustehen,
du bist ja mein Fels und meine Burg.
Aus der Hand des Bösen entreiße mich,
denn du bist meine Hoffnung von Jugend auf.
Vom Mutterleib an verlasse ich mich auf dich,
vom Mutterschoß an bist du mein Beschützer.
Herr, vergiss mich nicht in den Tagen meines Alters,
nicht in meiner Krankheit, da ich schwach bin.
Bleibe mir nahe und segne mich,
ich hoffe auf dich.
Schweres hast du mir auferlegt,
doch du kannst mich wieder ins Leben bringen.
Du kannst mich befreien,
meine Seele retten vor dem ewigen Tod.
Immer will ich dich ehren
und deine Treue lobpreisen.
Meine Seele, die du erlöst,
soll dir dann zujubeln für immer.

Nach Psalm 71

UNSER LEBEN RETTE DU

Gott, du bist von Ewigkeit zu Ewigkeit.
Noch bevor die Welt geschaffen war,
bist du da.
Denn tausend Jahre sind für dich
wie ein Tag,
wie eine Wache in der Nacht.
Von Jahr zu Jahr säst du Menschen aus;
sie gleichen dem wachsenden Gras.
Am Morgen grünt und blüht es,
am Abend wird es geschnitten und welkt.
So lässt du die Menschen zurückkehren zum Staub.
Du sprichst: Kommt heim, ihr Menschen.
Ja, unser Leben währt siebzig Jahre
und wenn es hochkommt, sind es achtzig.
Das Beste daran ist nur Mühsal und Not,
rasch geht es vorbei, wir eilen dahin.
Deshalb lehre unsere Tage zu zählen,
dann gewinnen wir ein weises Herz.
Wende dich uns zu,
hab' Mitleid mit den Deinen.
Vor dir können wir sonst nicht bestehen.
Deine Güte schenke uns
und unser Leben rette du.

Nach Psalm 90

ICH BIN BEI DIR

Wer im Schutz des Höchsten wohnt
und ruht im Schatten des Allmächtigen,
der spricht zum Herrn:
Meine Zuflucht bist du, meine Burg,
mein Gott, auf dich vertraue ich.
Er rettet dich aus des Jägers Schlinge
und aus allem Verderben.
Er beschirmt dich mit seinen Flügeln,
unter seinen Schwingen bist du geborgen,
Schild und Schutz ist dir seine Treue.
Du brauchst dich nicht zu fürchten
vor dem Schrecken der Nacht,
noch vor dem Pfeil, der am Tag daherfliegt,
nicht vor der Krankheit, die im Finstern schleicht,
noch vor der Seuche, die wütet am Mittag.
Denn der Herr ist deine Zuflucht,
du hast den Höchsten dir als Schutz erwählt.
Seinen Engeln befiehlt er,
dich zu behüten auf all deinen Wegen.
Auf Händen sollen sie dich tragen,
damit dein Fuß nicht stößt an einen Stein.
»Weil er an mir hängt, will ich ihn retten,
will schützen ihn, der meinen Namen kennt.
Wenn er mich anruft, will ich ihn erhören.
Ich bin bei ihm in seiner Not,
befreie ihn und bringe ihn zu Ehren.
Ich schenke ihm mein Leben
und lasse schauen ihn mein Heil.«

Psalm 91

MEINE TAGE SCHWINDEN DAHIN

Herr, höre mein Gebet!
Mein Schreien dringe zu dir.
Verbirg dein Antlitz nicht vor mir!
Denn ich bin in Not,
wende dein Ohr mir zu!
Ich rufe dich an, erhöre mich doch!
Meine Glieder sind schwach geworden,
ich bin elend und krank,
nur noch Haut und Knochen.
Nichts will mir mehr schmecken,
nicht Brot, nicht Trank.
Meine Tage schwinden dahin wie Schatten,
mein Leben verlischt.
Du aber, Herr, bist
und bist für immer und ewig.
Deine Jahre enden nie,
und dein Name bleibt von Geschlecht zu Geschlecht.
So erinnere dich meiner,
sieh meine Tränen, höre mein Rufen:
Herr, rette mein Leben!

Nach Psalm 102

LOBE DEN HERRN, MEINE SEELE

Lobe den Herrn, meine Seele,
und alles in mir seinen heiligen Namen!
Lobe den Herrn, meine Seele,
und vergiss nicht,
was er dir Gutes getan hat:
der dir all deine Schuld vergibt
und all deine Gebrechen heilt;
der dein Leben vor dem Untergang rettet
und dich mit Huld und Erbarmen krönt;
der dich dein Leben lang
mit seinen Gaben sättigt.
Der Herr ist barmherzig und gnädig,
langmütig und reich an Güte.
Er handelt an uns nicht nach unseren Sünden
und vergilt uns nicht nach unserer Schuld.
Denn so hoch der Himmel über der Erde ist,
so hoch ist seine Huld über denen,
die ihn fürchten.
Wie ein Vater sich über seine Kinder erbarmt,
so erbarmt sich der Herr über alle,
die ihn fürchten.
Die Huld des Herrn währt immer und ewig.
Lobe den Herrn, meine Seele,
und alles in mir seinen heiligen Namen!

Nach Psalm 103

ER BRACHTE MIR HILFE

Ich weiß, dass mein Erlöser lebt;
er schafft mich neu am letzten Tag.

Ich liebe den Herrn;
denn er hat mein lautes Flehen gehört
und sein Ohr mir zugeneigt
an dem Tag, als ich zu ihm rief.
Mich umfingen die Fesseln des Todes,
mich befielen die Ängste der Unterwelt,
mich trafen Bedrängnis und Kummer.
Da rief ich den Namen des Herrn an:
»Ach, Herr, rette mein Leben!«
Der Herr ist gnädig und gerecht,
unser Gott ist barmherzig.
Der Herr behütet die schlichten Herzen;
ich war in Not, und er brachte mir Hilfe.
Komm wieder zur Ruhe, mein Herz!
Denn der Herr hat dir Gutes getan.
Ja, du hast mein Leben dem Tod entrissen,
meine Tränen getrocknet,
meinen Fuß bewahrt vor dem Fall.
So gehe ich meinen Weg vor dem Herrn
im Land der Lebenden.

Ich weiß, dass mein Erlöser lebt;
er schafft mich neu am letzten Tag.

Psalm 116

ICH VERTRAUE AUF DICH

Danket dem Herrn, denn er ist gütig
und seine Huld währt ewig.

In meiner Bedrängnis rufe ich zu dir, Herr,
du wirst mich erhören.
Du wirst bei mir sein
und mich bei dir Schutz finden lassen.
Auch wenn mich vieles bedroht,
ich vertraue auf dich.
Denn es ist besser, auf dich zu bauen,
als mich auf Menschen zu verlassen.
Du allein bist meine Kraft,
meine ganze Zuversicht.
Erheb' deine Rechte über mich
und segne mich.

Danket dem Herrn, denn er ist gütig
und seine Huld währt ewig.

Nach Psalm 118

ICH HOFFE AUF DICH

Aus der Tiefe rufe ich, Herr, zu dir;
Herr, höre auf meine Stimme!
Wende dein Ohr mir zu,
achte auf mein lautes Flehen!
Würdest du, Herr, meine Sünden beachten,
nicht bestehen könnte ich vor dir.
Doch bei dir ist Vergebung, damit versöhnt
ich dir wieder diene.
Ich hoffe auf dich, mein Herr,
voll Vertrauen warte ich auf dein Wort.
Meine Seele wartet auf dich, o Herr,
mehr als die Wächter auf den Morgen.

Denn bei dir ist die Huld,
bei dir Erlösung in Fülle.
Aus der Tiefe rufe ich, Herr, zu dir!
Nach Psalm 130

HERR, DU KENNST MICH

Herr, du hast mich erforscht
und kennst mich.
Ob ich sitze oder stehe, du weißt es,
schon von fern kennst du meine Gedanken.
Ob ich gehe oder ruhe, es ist dir bekannt;
du bist vertraut mit all meinen Wegen.
Von allen Seiten umgibst du mich
und hältst die Hand über mir.
Du hast mein Inneres geschaffen,
mich gewoben im Schoß meiner Mutter.
Ich danke dir,
dass du mich so wunderbar gestaltet hast.
Meine Tage waren schon gebildet,
als noch keiner von ihnen da war.
Du weißt um meinen Anfang
und um mein Ende,
um mein Leben und mein Sterben.
Herr, sei mir gnädig und barmherzig.
Nach Psalm 139

DER HERR HAT'S GEGEBEN

Du, Herr, hast mir gegeben
meinen Leib, mein Leben,
die vielen Jahre hier auf Erden.
All das Schöne und Gute,
das ich erfahren, ist dein Geschenk.

Du hast mir gegeben,
dein Kind zu sein.
Berufen und begnadet hast du mich,
geführt und bewahrt
die vielen Wege, die ich ging.

Du hast mir gegeben
die Menschen, die mir begegnet
und die mir gut waren,
die mich lieben
und zu mir halten bis ans Ende.

Du, Herr, hast mir genommen,
was mich unfrei machte:
Meine Schuld und meine Sünde,
sie hast du mir vergeben
in deiner großen Güte.

Du hast mir genommen
meine Kraft und all mein Tun.
Jetzt bin ich ruhig
und lasse dich tun,
was dein heiliger Wille mit mir ist.

Du hast mir genommen,
was Angst mir machte
in meinem Sterben.
Mein Gott, auf dich vertraue ich
und ich werde bleiben in dir.

Dein Name sei gelobt in Ewigkeit.
So nimm mein Lebensopfer an:
dir zum Lob und im Dank an dich,
meinen Schöpfer und Erlöser.
Mein Gott, dir glaube ich, dich liebe ich.

Du, Herr, hast mir gegeben.
Du, Herr, hast mir genommen.
Dein Name ist gepriesen in Ewigkeit.

Nach Ijob 1,21

HERR, ICH LEIDE NOT

Mein Herr,
Tag und Nacht habe ich Sorgen.
Ich schreie zu dir um Hilfe.
Meine Augen sehen verlangend nach oben.
Herr, ich leide Not, tritt du für mich ein.
Was soll ich reden, was dir sagen?
Du weißt ja um mich.
Sei bei mir und rette mich.
Lass mich wieder genesen und leben.
Schenk mir deine Nähe und Tröstung.
Nimm dich meiner an und steh mir bei,
dass ich nicht verderben muss.
Ich setze all mein Vertrauen auf dich,
mein Herr.

Nach Jesaja 38

LOBGESANG DES GREISEN SIMEON
Nun lässt du, Herr, deinen Knecht,
wie du gesagt hast,
in Frieden scheiden.
Denn meine Augen haben dein Heil geschaut,
das du vor allen Völkern bereitet hast,
ein Licht, das die Heiden erleuchtet,
und Herrlichkeit für dein Volk Israel.

Lukas 2,29-32

Sing, bet und geh auf Gottes Wegen

TRÖSTEN IST:

Da-sein für einen Menschen, der dich braucht in seiner Krankheit, in seiner Not, in seinem Abschiednehmen;

ihn nicht allein lassen, ihn in seiner Hilflosigkeit und in seinem Verzagtsein nicht sich selbst überlassen;

ihm sich zuwenden, ihm zuhören, aus ihm heraushören, was er dir sagen will, mit ihm schweigen;

ihn in seinem Schmerz, in seinem Nichtmehr-Können und in seiner Angst annehmen und ihn auffangen und tragen;

ihm deine liebevolle Begleitung und die notwendende, lindernde Hilfe anbieten auf seinem Weg durchs Dunkle – so gut du dies vermagst;

ihn in dein Herz nehmen, ihm Geborgenheit und Ruhe schenken, ohne dich aufzudrängen;

ihm Zeichen deines Gutseins und der Nähe geben durch ein ermutigendes, aber auch wahrhaftiges Wort, durch Gesten der Verbundenheit und der Handauflegung;

ihn im Gebet in Gottes Versöhnung, in Gottes Liebe, in Gottes Leben übergeben und ihm immer wieder fürbittend zusprechen: Gott ist mit dir! Er wird dich auferwecken zum Leben!

EINEM KRANKEN BEISTEHEN

Ich sitze am Bett des Kranken.
Er kann kaum mehr sprechen, sich nicht mehr rühren.
Ab und zu ein Blick, von ihm zu mir.
Dann wieder Stille,
nur sein schwerer und aussetzender Atem.
Wie lange noch?

Nicht mehr viel tun kann ich.
Ich halte die Hand des Kranken,
dann streichle ich sie.
Kühle seine Stirn, wische den Schweiß,
benetze seinen ausgetrockneten Mund –
wie eine gern geschenkte Gabe.

Geblieben ist mir Letztmögliches:
den Kranken in Gottes Treue zu geben,
ihn in Gottes Leben zu beten,
ihn zu bezeichnen mit dem Kreuz der Erlösung:
Gott, du kannst des Kranken Nacht
hinüberwandeln in den Morgen deiner Ewigkeit!

O HAUPT VOLL BLUT UND WUNDEN

O Haupt voll Blut und Wunden,
voll Schmerz und voller Hohn,
o Haupt, zum Spott gebunden
mit einer Dornenkron,
o Haupt, sonst schön gekrönet
mit höchster Ehr und Zier,
jetzt aber frech verhöhnet:
gegrüßet seist du mir.

Du edles Angesichte,
vor dem sonst alle Welt
erzittert im Gerichte,
wie bist du so entstellt.
Wie bist du so erbleichet,
wer hat dein Augenlicht,
dem sonst ein Licht nicht gleichet,
so schändlich zugericht't.

Die Farbe deiner Wangen,
der roten Lippen Pracht
ist hin und ganz vergangen;
des blassen Todes Macht
hat alles hingenommen,
hat alles hingerafft,
und so bist du gekommen
von deines Leibes Kraft.

Was du, Herr, hast erduldet,
ist alles meine Last;
ich, ich, hab es verschuldet,
was du getragen hast.
Schau her, hier steh ich Armer,
der Zorn verdienet hat;
gib mir, o mein Erbarmer,
den Anblick deiner Gnad.

Ich danke dir von Herzen,
o Jesu, liebster Freund,
für deines Todes Schmerzen,
da du's so gut gemeint.
Ach gib, dass ich mich halte
zu dir und deiner Treu
und, wenn ich einst erkalte,
in dir mein Ende sei.

Wenn ich einmal soll scheiden,
so scheide nicht von mir.
Wenn ich den Tod soll leiden,
so tritt du dann herfür.
Wenn mir am allerbängsten
wird um das Herze sein,
so reiß mich aus den Ängsten
kraft deiner Angst und Pein.

Erscheine mir zum Schilde,
zum Trost in meinem Tod,
und lass mich sehn dein Bilde
in deiner Kreuzesnot.
Da will ich nach dir blicken,
da will ich glaubensvoll
fest an mein Herz dich drücken.
Wer so stirbt, der stirbt wohl.

Gotteslob 179/Evangelisches Gesangbuch 85

AUS TIEFER NOT

Aus tiefer Not schrei ich zu dir,
Herr Gott, erhör mein Rufen.
Dein gnädig Ohr neig her zu mir
und meiner Bitt es öffne.
Denn so du willst das sehen an,
was Sünd und Unrecht ist getan,
wer kann, Herr, vor dir bleiben?

Es steht bei deiner Macht allein,
die Sünde zu vergeben,
auf dass dich fürchte groß und klein,
du einzig Heil und Leben.
Darum auf Gott will hoffen ich,
auf ihn will ich verlassen mich
und seinem Wort vertrauen.

Und ob es währt bis in die Nacht
und wieder an den Morgen,
doch soll mein Herz an Gottes Macht
verzweifeln nicht noch sorgen.
Er ist allein der gute Hirt,
der Israel erlösen wird
aus seinen Sünden allen.

Gotteslob 163/Evangelisches Gesangbuch 299

WIR DANKEN DIR

Wir danken dir, Herr Jesu Christ,
dass du für uns gestorben bist
und hast uns durch dein teures Blut
gemacht vor Gott gerecht und gut.

Wir bitten, wahrer Mensch und Gott:
Durch deine Wunden, Schmach und Spott

erlös uns von dem ewgen Tod
und tröst uns in der letzten Not.

Behüt uns auch vor Sünd und Schand
und reich uns dein allmächtig Hand,
dass wir im Kreuz geduldig sein,
getröstet durch dein schwere Pein,

und schöpfen draus die Zuversicht,
dass du uns wirst verlassen nicht,
sondern ganz treulich bei uns stehn,
dass wir durchs Kreuz ins Leben gehn.

Gotteslob 178/Evangelisches Gesangbuch 79

CHRIST IST ERSTANDEN

Christ ist erstanden
von der Marter alle.
Des solln wir alle froh sein;
Christ will unser Trost sein.
Kyrieleis.

Wär er nicht erstanden,
so wär die Welt vergangen.
Seit dass er erstanden ist,
so freut sich alles, was da ist,
Kyrieleis.

Halleluja, Halleluja,
Halleluja.
Des solln wir alle froh sein;
Christ will unser Trost sein.
Kyrieleis.

Gotteslob 213/Evangelisches Gesangbuch 99

DAS IST DER TAG

Das ist der Tag, den Gott gemacht,
der Freud in alle Welt gebracht.
Es freu sich, was sich freuen kann,
denn Wunder hat der Herr getan.

Verklärt ist alles Leid der Welt,
des Todes Dunkel ist erhellt.
Der Herr erstand in Gottes Macht,
hat neues Leben uns gebracht.

Wir sind getauft auf Christi Tod
und auferweckt mit ihm zu Gott.
Uns ist geschenkt sein Heilger Geist,
ein Leben, das kein Tod entreißt.

Wir schauen auf zu Jesus Christ,
zu ihm, der unsre Hoffnung ist.
Wir sind die Glieder, er das Haupt;
erlöst ist, wer an Christus glaubt.

Nun singt dem Herrn das neue Lied,
in aller Welt ist Freud und Fried.
Es freu sich, was sich freuen kann,
denn Wunder hat der Herr getan.

Gotteslob 220

KOMM, HEILGER GEIST

Komm, Heilger Geist, der Leben schafft,
erfülle uns mit deiner Kraft.
Dein Schöpferwort rief uns zum Sein:
nun hauch uns Gottes Odem ein.

Komm, Tröster, der die Herzen lenkt,
du Beistand, den der Vater schenkt;
aus dir strömt Leben, Licht und Glut,
du gibst uns Schwachen Kraft und Mut.

Dich sendet Gottes Allmacht aus
im Feuer und in Sturmes Braus;
du öffnest uns den stummen Mund
und machst der Welt die Wahrheit kund.

Entflamme Sinne und Gemüt,
dass Liebe unser Herz durchglüht
und unser schwaches Fleisch und Blut
in deiner Kraft das Gute tut.

Die Macht des Bösen banne weit,
schenk deinen Frieden allezeit.
Erhalte uns auf rechter Bahn,
dass Unheil uns nicht schaden kann.

Lass gläubig uns den Vater sehn,
sein Ebenbild, den Sohn, verstehn
und dir vertraun, der uns durchdringt
und uns das Leben Gottes bringt.

Den Vater auf dem ewgen Thron
und seinen auferstandnen Sohn,
dich, Odem Gottes, Heilger Geist,
auf ewig Erd und Himmel preist. Amen.

Gotteslob 241

KOMM HERAB, O HEILGER GEIST

Komm herab, o Heilger Geist,
der die finstre Nacht zerreißt,
strahle Licht in diese Welt.

Komm, der alle Armen liebt,
komm, der gute Gaben gibt,
komm, der jedes Herz erhellt.

Höchster Tröster in der Zeit,
Gast, der Herz und Sinn erfreut,
köstlich Labsal in der Not.

In der Unrast schenkst du Ruh,
hauchst in Hitze Kühlung zu,
spendest Trost in Leid und Tod.

Komm, o du glückselig Licht,
fülle Herz und Angesicht,
dring bis auf der Seele Grund.

Ohne dein lebendig Wehn
kann im Menschen nichts bestehn,
kann nichts heil sein noch gesund.

Was befleckt ist, wasche rein,
Dürrem gieße Leben ein,
heile du, wo Krankheit quält.

Wärme du, was kalt und hart,
löse, was in sich erstarrt,
lenke, was den Weg verfehlt.

Gib dem Volk, das dir vertraut,
das auf deine Hilfe baut,
deine Gaben zum Geleit.

Lass es in der Zeit bestehn,
deines Heils Vollendung sehn
und der Freuden Ewigkeit. Amen.
Gotteslob 244

WER UNTERM SCHUTZ

Wer unterm Schutz des Höchsten steht,
im Schatten des Allmächtgen geht,
wer auf die Hand des Vaters schaut,
sich seiner Obhut anvertraut,
der spricht zum Herrn voll Zuversicht:
»Du meine Hoffnung und mein Licht,
mein Hort, mein lieber Herr und Gott,
dem ich will trauen in der Not.«

Er weiß, dass Gottes Hand ihn hält,
wo immer ihn Gefahr umstellt;
kein Unheil, das im Finstern schleicht,
kein nächtlich Grauen ihn erreicht.
Denn seinen Engeln Gott befahl,
zu hüten seine Wege all,
dass nicht sein Fuß an einen Stein,
anstoße und verletzt mög sein.

Denn dies hat Gott uns zugesagt:
Wer an mich glaubt, sei unverzagt,
weil jeder meinen Schutz erfährt;
und wer mich anruft, wird erhört.
Ich will mich zeigen als sein Gott,
ich bin ihm nah in jeder Not;
des Lebens Fülle ist sein Teil,
und schauen wird er einst mein Heil.
Gotteslob 291

GOTT WOHNT IN EINEM LICHTE

Gott wohnt in einem Lichte,
dem keiner nahen kann.
Von seinem Angesichte
trennt uns der Sünde Bann.
Unsterblich und gewaltig
ist unser Gott allein,
will König tausendfaltig,
Herr aller Herren sein.

Und doch bleibt er nicht ferne,
ist jedem von uns nah.
Ob er gleich Mond und Sterne
und Sonnen werden sah,
mag er dich doch nicht missen
in der Geschöpfe Schar,
will stündlich von dir wissen
und zählt dir Tag und Jahr.

Auch deines Hauptes Haare
sind wohl von ihm gezählt.
Er bleibt der Wunderbare,
dem kein Geringstes fehlt.
Den keine Meere fassen
und keiner Berge Grat,
hat selbst sein Reich verlassen,
ist dir als Mensch genaht.

Er macht die Völker bangen
vor Welt- und Endgericht
und trägt nach dir Verlangen,
lässt auch den Ärmsten nicht.
Aus seinem Glanz und Lichte
tritt er in deine Nacht;
und alles wird zunichte,
was dir so bange macht.

Nun darfst du in ihm leben
und bist nie mehr allein,
darfst in ihm atmen, weben
und immer bei ihm sein.
Den keiner je gesehen
noch künftig sehen kann,
will dir zur Seite gehen
und führt dich himmelan.

Gotteslob 290/Evangelisches Gesangbuch 379

VON GUTEN MÄCHTEN

Von guten Mächten treu und still umgeben,
behütet und getröstet wunderbar,
so will ich diese Tage mit euch leben
und mit euch gehen in ein neues Jahr.
Von guten Mächten wunderbar geborgen,
erwarten wir getrost, was kommen mag.
Gott ist bei uns am Abend und am Morgen
und ganz gewiss an jedem neuen Tag.

Lass warm und hell die Kerzen heut entflammen,
die du in unsre Dunkelheit gebracht,
führ, wenn es sein kann, wieder uns zusammen.
Wir wissen es, dein Licht scheint in der Nacht.
Von guten Mächten…

Wenn sich die Stille nun tief um uns breitet,
so lass uns hören jenen vollen Klang
der Welt, die unsichtbar sich um uns weitet,
all deiner Kinder hohen Lobgesang.
Von guten Mächten…

Evangelisches Gesangbuch 541

AUF DICH ALLEIN

Auf dich allein ich baue,
du lieber treuer Gott.
Da ich auf dich vertraue,
verlass mich nicht in Not.
Du, Herr, kannst mich erlösen
aus Sünde und Gefahr.
Errette mich vom Bösen;
dein Reich mach offenbar.

Dein Ohr in Huld mir neige,
schick eilends Hilfe her;
dein Treue mir erzeige,
reiß mich aus Ängsten schwer.
Sei mir in diesen Tagen
ein Fels, ein sichres Haus,
dahin ich flieh ohn Zagen;
hilf mir in Gnaden aus.

Es steht in deinen Händen
die Zeit und Lebensfrist;
du kannst mein Unglück wenden,
wie es dein Wille ist.
O Herr, in deine Hände
befehl ich meinen Geist,
dass du mich dem Elende,
mein treuer Gott, entreißt.

Der Herr sei hochgepriesen,
der Wunderbares tat
und der mir Gnad erwiesen
in seiner festen Stadt.
Drum, die ihr habt Vertrauen
und unverzagten Mut,
seid wohlgetrost ohn Grauen:
Gott ist gerecht und gut.

Gotteslob 293

IN ALLEN MEINEN TATEN

In allen meinen Taten lass ich den Höchsten raten,
der alles kann und hat;
er muss zu allen Dingen, soll's anders wohl gelingen,
mir selber geben Rat und Tat.

Nichts ist es spät und frühe um alle meine Mühe,
mein Sorgen ist umsonst;
er mag's mit meinen Sachen nach seinem Willen machen,
ich stell's in seine Vatergunst.

Es kann mir nichts geschehen, als was er hat ersehen
und was mir selig ist.
Ich nehm es, wie er's gibet; was ihm von mir beliebet,
dasselbe hab auch ich erkiest.

Ich traue seiner Gnaden, die mich vor allem Schaden,
vor allem Übel schützt;
leb ich nach seinen Sätzen, so wird mich nichts verletzen,
nichts fehlen, was mir ewig nützt.

Er wolle meiner Sünden in Gnaden mich entbinden,
durchstreichen meine Schuld;
er wird auf solch Verbrechen nicht stracks das
Urteil sprechen
und haben noch mit mir Geduld.

Ihm hab ich mich ergeben, zu sterben und zu leben,
sobald er mir gebeut;
es sei heut oder morgen, dafür lass ich ihn sorgen,
er weiß allein die rechte Zeit.

Evangelisches Gesangbuch 368

AUF MEINEN LIEBEN GOTT

Auf meinen lieben Gott trau ich in Angst und Not;
der kann mich allzeit retten aus Trübsal, Angst und Nöten,
mein Unglück kann er wenden, steht alls in seinen Händen.

Ob mich mein Sünd anficht, will ich verzagen nicht;
auf Christus will ich bauen und ihm allein vertrauen,
ihm tu ich mich ergeben im Tod und auch im Leben.

Ob mich der Tod nimmt hin, ist Sterben mein Gewinn,
und Christus ist mein Leben; dem tu ich mich ergeben;
ich sterb heut oder morgen, mein Seel wird er versorgen.

O mein Herr Jesu Christ, der du geduldig bist
für mich am Kreuz gestorben: hast mir das Heil erworben,
auch uns allen zugleiche das ewig Himmelreiche.

Amen zu aller Stund sprech ich aus Herzensgrund;
du wollest selbst uns leiten, Herr Christ, zu allen Zeiten,
auf dass wir deinen Namen ewiglich preisen. Amen.
Evangelisches Gesangbuch 345

WER NUR DEN LIEBEN GOTT

Wer nur den lieben Gott lässt walten
und hoffet auf ihn allezeit,
den wird er wunderbar erhalten
in aller Not und Traurigkeit.
Wer Gott dem Allerhöchsten traut,
der hat auf keinen Sand gebaut.

Was helfen uns die schweren Sorgen,
was hilft uns unser Weh und Ach?
Was hilft es, dass wir alle Morgen
beseufzen unser Ungemach?

Wir machen unser Kreuz und Leid
nur größer durch die Traurigkeit.

Sing, bet und geh auf Gottes Wegen,
verricht das Deine nur getreu
und trau des Himmels reichem Segen,
so wird er bei dir werden neu.
Denn welcher seine Zuversicht
auf Gott setzt,
den verlässt er nicht.

Gotteslob 295/Evangelisches Gesangbuch 369

O JESU, ALL MEIN LEBEN

O Jesu, all mein Leben bist du,
ohne dich nur Tod.
Meine Nahrung bist du,
ohne dich nur Not.
Meine Freude bist du,
ohne dich nur Leid.
Meine Ruhe bist du,
ohne dich nur Streit,
o Jesu.

O Jesu, all mein Glaube bist du,
Ursprung allen Lichts.
Meine Hoffnung bist du,
Heiland des Gerichts.
Meine Liebe bist du,
Trost und Seligkeit.
All mein Leben bist du,
Gott der Herrlichkeit,
o Jesu.

Gotteslob 472

WENN MEIN STÜNDLEIN

Wenn mein Stündlein vorhanden ist
und soll hinfahrn mein Straße,
so g'leit du mich, Herr Jesu Christ,
mit Hilf mich nicht verlasse.
Mein Seel an meinem letzten End
befehl ich dir in deine Händ,
du wollst sie mir bewahren.

Ich bin ein Glied an deinem Leib,
des tröst ich mich von Herzen,
von dir ich ungeschieden bleib
in Todesnot und Schmerzen.
Wenn ich gleich sterb, so sterb ich dir;
ein ewig Leben hast du mir
mit deinem Tod erworben.

Weil du vom Tod erstanden bist,
werd ich im Grab nicht bleiben;
mein höchster Trost dein Auffahrt ist,
Todsfurcht kann sie vertreiben.
Denn wo du bist, da komm ich hin,
dass ich stets bei dir leb und bin.
Drum fahr ich hin mit Freuden.

Gotteslob 658/Evangelisches Gesangbuch 522

WAS GOTT TUT

Was Gott tut, das ist wohlgetan,
es bleibt gerecht sein Wille;
wie er fängt seine Sachen an,
will ich ihm halten stille.
Er ist mein Gott, der in der Not
mich wohl weiß zu erhalten;
drum lass ich ihn nur walten.

Was Gott tut, das ist wohlgetan;
er wird mich nicht betrügen.
Er führet mich auf rechter Bahn,
so lass ich mir genügen
an seiner Huld und hab Geduld;
er wird mein Unglück wenden,
es steht in seinen Händen.

Was Gott tut, dass ist wohlgetan:
er ist mein Licht und Leben,
der mir nichts Böses gönnen kann,
ich will mich ihm ergeben
in Freud und Leid. Es kommt die Zeit,
da öffentlich erscheinet,
wie treulich er es meinet.

Was Gott tut, das ist wohlgetan;
dabei will ich verbleiben.
Es mag mich auf die rauhe Bahn
Not, Tod und Elend treiben,
so wird Gott mich ganz väterlich
in seinen Armen halten;
drum lass ich ihn nur walten.

Gotteslob 294/Evangelisches Gesangbuch 372

WER NUR DEN LIEBEN GOTT

Wer nur den lieben Gott lässt walten
und hoffet auf ihn allezeit,
den wird er wunderbar erhalten
in aller Not und Traurigkeit.
Wer Gott dem Allerhöchsten traut,
der hat auf keinen Sand gebaut.

Was helfen uns die schweren Sorgen,
was hilft uns unser Weh und Ach?
Was hilft es, dass wir alle Morgen
beseufzen unser Ungemach?
Wir machen unser Kreuz und Leid
nur größer durch die Traurigkeit.

Sing, bet und geh auf Gottes Wegen,
verricht das Deine nur getreu
und trau des Himmels reichem Segen,
so wird er bei dir werden neu.
Denn welcher seine Zuversicht
auf Gott setzt,
den verlässt er nicht.

Gotteslob 295/Evangelisches Gesangbuch 369

WEISS ICH DEN WEG AUCH NICHT

Weiß ich den Weg auch nicht, du weißt ihn wohl;
das macht die Seel still und friedevoll.
Ist's doch umsonst, dass ich mich sorgend müh,
dass ängstlich schlägt das Herz, sei's spät, sei's früh.

Du weißt den Weg ja doch, du weißt die Zeit,
dein Plan ist fertig schon und liegt bereit.
Ich preise dich für deiner Liebe Macht,
ich rühm die Gnade, die mir Heil gebracht.

Du weißt, woher der Wind so stürmisch weht,
und du gebietest ihm, komm nie zu spät;
drum wart ich still, dein Wort ist ohne Trug.
Du weißt den Weg für mich, das ist genug.

Evangelisches Gesangbuch 624

WIR SIND NUR GAST

Wir sind nur Gast auf Erden
und wandern ohne Ruh
mit mancherlei Beschwerden
der ewigen Heimat zu.

Die Wege sind verlassen,
und oft sind wir allein.
In diesen grauen Gassen
will niemand bei uns sein.

Nur einer gibt Geleite,
das ist der Herre Christ;
er wandert treu zur Seite,
wenn alles uns vergisst.

Gar manche Wege führen
aus dieser Welt hinaus.
O dass wir nicht verlieren
den Weg zum Vaterhaus.

Und sind wir einmal müde,
dann stell ein Licht uns aus,
o Gott, in deiner Güte;
dann finden wir nach Haus.

Gotteslob 656/Evangelisches Gesangbuch 681

GROSSER GOTT, WIR LOBEN DICH

Großer Gott, wir loben dich;
Herr, wir preisen deine Stärke.
Vor dir neigt die Erde sich
und bewundert deine Werke.
Wie du warst vor aller Zeit,
so bleibst du in Ewigkeit.

Heilig, Herr Gott Zebaot!
Heilig, Herr der Himmelsheere!
Starker Helfer in der Not!
Himmel, Erde, Luft und Meere
sind erfüllt von deinem Ruhm;
alles ist dein Eigentum.

Herr, steh deinen Dienern bei,
welche dich in Demut bitten.
Kauftest durch dein Blut uns frei,
hast den Tod für uns gelitten;
nimm uns nach vollbrachtem Lauf
zu dir in den Himmel auf.

Sieh dein Volk in Gnaden an.
Hilf, uns, segne, Herr, dein Erbe;
leit es auf der rechten Bahn,
dass der Feind es nicht verderbe.
Führe es durch diese Zeit,
nimm es auf in Ewigkeit.

Alle Tage wollen wir
dich und deinen Namen preisen
und zu allen Zeiten dir
Ehre, Lob und Dank erweisen.
Rett aus Sünden, rett aus Tod,
sei uns gnädig, Herre Gott!

Gotteslob 257/Evangelisches Gesangbuch 331

LOBE DEN HERREN

Lobe den Herren, den mächtigen König der Ehren;
lob ihn, o Seele, vereint mit den himmlischen Chören.
Kommet zuhauf, Psalter und Harfe, wacht auf,
lasset den Lobgesang hören.

Lobe den Herren, der alles so herrlich regieret,
der dich auf Adelers Fittichen sicher geführet,
der dich erhält, wie es dir selber gefällt.
Hast du nicht dieses verspüret?

Lobet den Herren, der künstlich und fein dich bereitet,
der dir Gesundheit verliehen, dich freundlich geleitet.
In wie viel Not hat nicht der gnädige Gott
über dir Flügel gebreitet!

Lobe den Herren, was in mir ist, lobe den Namen.
Lob ihn mit allen, die seine Verheißung bekamen.
Er ist dein Licht; Seele vergiss es ja nicht.
Lob ihn in Ewigkeit. Amen.

Gotteslob 258/Evangelisches Gesangbuch 316

NUN DANKET ALL

Nun danket all und bringet Ehr,
ihr Menschen in der Welt,
dem dessen Lob der Engel Heer
im Himmel stets vermeldt.

Ermuntert euch und singt mit Schall
Gott, unserm höchsten Gut,
der seine Wunder überall
und große Dinge tut.

Er gebe uns ein fröhlich Herz,
erfrische Geist und Sinn
und werf all Angst, Furcht, Sorg und Schmerz
in Meerestiefen hin.

Er lasse seinen Frieden ruhn
auf unserm Volk und Land;
er gebe Glück zu unserm Tun
und Heil zu allem Stand.

Er lasse seine Lieb und Güt
um, bei und mit uns gehn,
was aber ängstet und bemüht,
gar ferne von uns stehn.

Solange dieses Leben währt,
sei er stets unser Heil,
und wenn wir scheiden von der Erd,
verbleib er unser Teil.

Er drücke, wenn das Herze bricht,
uns unsre Augen zu
und zeig uns drauf sein Angesicht
dort in der ewgen Ruh.

Gotteslob 267/Evangelisches Gesangbuch 322

Gegrüßet seist du, Maria

MARIA – SCHWESTER IM GLAUBEN

Die biblische Botschaft sagt es uns: Gott suchte einen Menschen, dessen Herz offen war für seinen Ruf, dessen Schoß bereit war, Jesu Mutter zu werden, dessen ganzes Leben willens war, sein Wort und seine Weisung zu erfüllen: »Siehe, ich bin die kleine Magd deiner Liebe!«

Maria hat das Kind – die Frucht aus Heiligem Geist und aus dem Ja einer glaubenden Frau – empfangen, getragen, geboren, genährt und mit ihrer Liebe umarmt. Gottesmutter ist sie, bekannte die frühe Kirche.

Diese von Gott erwählte und begnadete Frau ging mit auf dem Weg Jesu, folgte ihm nach durch alle Höhen und Tiefen seines Lebens – bis unter's Kreuz. Die Mutter der Liebe ist zur Mutter der Schmerzen geworden. Ihr Glaube machte sie stark, stark auch, uns Menschen nahe zu sein in unserer Not und in unserem Tod.

Wir Menschen erspüren und erfahren dies. Deshalb pilgern wir zu ihr, ihre Fürsprache bei Jesus zu erbitten – und gehen getröstet und wieder hoffend von ihrem Bild.

Die Mutter, unsere Mutter kann doch nicht enttäuschen!

STATT JAMMERN: BETEN!

Das Gebet hat große Kraft,
das ein Mensch verrichtet
in gutem Willen.
Es macht ein trauriges Herz froh,
ein armes reich,
ein törichtes weise,
ein verzagtes kühn;
es macht ein schwaches Herz stark,
ein blindes sehend,
ein kaltes brennend,
ein enttäuschtes wieder gemut.

Das Gebet zieht den großen Gott
in das kleine Herz;
es trägt die hungrige Seele
empor zu Gott,
dem Quell allen Lebens.
Und bringt zusammen zwei Liebende:
Gott und die Seele.

Nach Gertrud von Helfta, 13. Jh.

AVE MARIA

Gegrüßet seist du, Maria,
voll der Gnade,
der Herr ist mit dir.
Du bist gebenedeit unter den Frauen,
und gebenedeit ist die Frucht deines Leibes,
Jesus.
Heilige Maria, Mutter Gottes,
bitte für uns Sünder
jetzt und in der Stunde unseres Todes. Amen.

MAGNIFIKAT / LOBGESANG MARIENS

Meine Seele preist die Größe des Herrn,
und mein Geist jubelt über Gott, meinen Retter.
Denn auf die Niedrigkeit seiner Magd
hat er geschaut.
Siehe, von nun an preisen mich selig
alle Geschlechter.
Denn der Mächtige hat Großes an mir getan,
und sein Name ist heilig.
Er erbarmt sich von Geschlecht zu Geschlecht
über alle, die ihn fürchten.
Er vollbringt mit seinem Arm machtvolle Taten:
Er zerstreut, die im Herzen voll Hochmut sind;
er stürzt die Mächtigen vom Thron
und erhöht die Niedrigen.
Die Hungernden beschenkt er mit seinen Gaben
und lässt die Reichen leer ausgehen.
Er nimmt sich seines Knechtes Israel an
und denkt an sein Erbarmen,
das er unsern Vätern verheißen hat,
Abraham und seinen Nachkommen auf ewig.
Lukas 1,46–55

ANGELUS

Der Engel des Herrn brachte Maria die Botschaft,
und sie empfing vom Heiligen Geist.
Gegrüßet seist du, Maria…

Maria sprach: Siehe, ich bin die Magd des Herrn;
mir geschehe nach deinem Wort.
Gegrüßet seist du, Maria…

Und das Wort ist Fleisch geworden
und hat unter uns gewohnt.
Gegrüßet seist du, Maria…

Bitte für uns, heilige Gottesmutter,
dass wir würdig werden der Verheißung Christi.

Lasset uns beten.
Allmächtiger Gott, gieße deine Gnade in unsere Herzen ein.
Durch die Botschaft des Engels
haben wir die Menschwerdung Christi, deines Sohnes, erkannt.
Lass uns durch sein Leiden und Kreuz
zur Herrlichkeit der Auferstehung gelangen.
Darum bitten wir durch Christus, unsern Herrn. Amen.

O MUTTER DER BARMHERZIGKEIT

O Maria, hilf! O Maria, hilf!
O Maria, hilf doch mir!
Ein armer Sünder kommt zu dir.
Im Leben und im Sterben
lass mich nicht verderben.
Lass mich in keiner Todsünd' sterben,
steh mir bei im letzten Streit.
O Mutter der Barmherzigkeit!
Altöttinger Pilgergebet

MUTTER, ZU DIR RUFE ICH

Jungfrau, Mutter Gottes mein,
lass mich ganz dein Eigen sein.
Dein im Leben und im Tod,
dein in Unglück, Angst und Not,
dein in Kreuz und bittrem Leid,
dein für Zeit und Ewigkeit.
Jungfrau, Mutter Gottes mein,
lass mich ganz dein Eigen sein.

Mutter, auf dich hoffe ich,
Mutter, zu dir rufe ich.
Mutter, du Gütigste, steh mir bei,
Mutter, du Mächtigste, Schutz mir verleih.

Du kannst mir ja helfen, o Mächtigste,
du willst mir auch helfen, o Gütigste,
du wirst mir auch helfen, Barmherzigste.
Jungfrau, Mutter Gottes mein,
lass mich ganz dein Eigen sein.

O MARIA, SEI GEGRÜSST

O Maria, sei gegrüßt, die du voller Gnade bist;
sei gegrüßt, du höchste Zier:
Gott der Herr ist selbst mit dir.

Du bist nun gebenedeit vor den Frauen allezeit.
Lob dem, der dich heimgesucht,
Jesus, deines Leibes Frucht.

Mutter Gottes, liebe Frau, auf uns arme Sünder schau,
bitt für uns bei deinem Sohn,
dass er uns im Tod verschon.

Gotteslob 582

MATER DOLOROSA

Christi Mutter stand mit Schmerzen
bei dem Kreuz und weint von Herzen,
als ihr lieber Sohn da hing.
Durch die Seele voller Trauer,
schneidend unter Todesschauer
jetzt das Schwert des Leidens ging.

Welch ein Schmerz der Auserkornen,
da sie sah den Eingebornen,
wie er mit dem Tode rang.
Angst und Jammer, Qual und Bangen,
alles Leid hielt sie umfangen,
das nur je ein Herz durchdrang.

Ach, für aller Menschen Schulden
sah sie ihn die Marter dulden,
Geißeln, Dornen, Spott und Hohn,
sah ihn trostlos und verlassen
an dem blutgen Kreuz erblassen,
ihren lieben einzgen Sohn.

Drücke deines Sohnes Wunden,
wie du selber sie empfunden,
heilge Mutter, in mein Herz.
Dass ich weiß, was ich verschuldet,
was dein Sohn für mich erduldet,
gib mir teil an deinem Schmerz.

Christus, lass bei meinem Sterben
mich mit deiner Mutter erben
Sieg und Preis nach letztem Streit.
Wenn der Leib dann sinkt zur Erde,
gib mir, dass ich teilhaft werde
deiner selgen Herrlichkeit.
Gotteslob 584

MARIA, BREIT DEN MANTEL AUS

Maria, breit den Mantel aus,
mach Schirm und Schild für uns daraus;
lass uns darunter sicher stehn,
bis alle Stürm vorübergehn.
Patronin voller Güte,
uns allezeit behüte.

Dein Mantel ist sehr weit und breit,
er deckt die ganze Christenheit,
er deckt die weite, weite Welt,
ist aller Zuflucht und Gezelt.
Patronin…

Maria, hilf der Christenheit,
dein Hilf erzeig uns allezeit;
komm uns zu Hilf in allem Streit,
verjag die Feind all von uns weit.
Patronin…

O Mutter der Barmherzigkeit,
den Mantel über uns ausbreit;
uns all darunter wohl bewahr
zu jeder Zeit in aller Gfahr.
Patronin…

Gotteslob 595

SALVE REGINA

Sei gegrüßt, o Königin, Mutter der Barmherzigkeit,
unser Leben, unsre Wonne und unsre Hoffnung,
sei gegrüßt!
Zu dir rufen wir verbannte Kinder Evas;
zu dir seufzen wir trauernd und weinend
in diesem Tal der Tränen.

Wohlan denn, unsre Fürsprecherin,
wende deine barmherzigen Augen uns zu,
und nach diesem Elend zeige uns Jesus,
die gebenedeite Frucht deines Leibes.
O gütige, o milde,
o süße Jungfrau Maria.
Hermann der Lahme, 11. Jh. – Gotteslob 571
(Elend=Leben in der Fremde; gebenedeit=gelobt)

MEMORARE

Gedenke, gütige Jungfrau Maria,
es ist noch nie gehört worden,
dass jemand,
der zu dir seine Zuflucht genommen,
deine Hilfe angerufen
und um deine Fürbitte gefleht,
von dir sei verlassen worden.

Von solchem Vertrauen beseelt,
nehme ich zu dir meine Zuflucht.
Mutter, Jungfrau der Jungfrauen,
zu dir komme ich,
vor dir stehe ich
als armer sündiger Mensch.
Mutter des ewigen Wortes,
verschmähe nicht meine Bitte,
sondern höre mich gnädig an
und steh für mich ein
bei deinem Sohn Jesus Christus.
15. Jahrhundert

FÜHRE UNS ZU DEINEM SOHN

Unter deinen Schutz und Schirm
fliehen wir, heilige Gottesmutter.
Verschmähe nicht
unser Gebet in unseren Nöten,
sondern errette uns jederzeit
aus allen Gefahren,
o du glorwürdige und gebenedeite Jungfrau,
unsere Frau, unsere Vermittlerin,
unsere Fürsprecherin.
Führe uns zu deinem Sohn,
empfiehl uns deinem Sohn,
stelle uns vor deinen Sohn.

BITTE AN MARIA

Maria, dich bitt ich,
sei Trost mir im Leben
und Hilfe im Sterben.
Dir bin ich ergeben:
In Gottes Frieden begleite mich!

Tiroler Votivbild, 18. Jahrhundert

MARIA, DICH BITTEN WIR

Maria, Mutter der Schmerzen,
dich bitten wir
um Fürsprach' und Hilfe.
Du bist unsere Schwester
in Leid und in Not.
Mitgegangen bist du den schweren Weg,
den dein Sohn Jesus gegangen –
bis unter sein Kreuz.
Mitgefühlt hast du die Schmerzen,
die er getragen und gelitten.
Mitgestorben bist du mit ihm
in seiner Angst und Einsamkeit,
in seiner Verlassenheit im Tod.

Maria, Mutter der Schmerzen,
dich bitten wir
um Fürsprach' und Hilfe.
Tröste uns, wenn wir jetzt
von einem lieben Menschen
Abschied nehmen müssen.
Bitt' für uns bei Jesus, deinem Sohn,
dass er uns bewahre
vor hoffnungsloser Trauer
und uns bestärke im Glauben
an ihn, der den Tod überwunden
und verheißen hat:
die Auferstehung zu Gott
und die selig machende Liebe
durch ihn, der die Liebe ist.

UM EINE GNÄDIGE STERBESTUNDE

Jesus, Maria, Josef,
euch schenk ich mein Herz und meine Seele.

Jesus, Maria, Josef,
steht mir bei im letzten Todeskampfe.

Jesus, Maria, Josef,
möge meine Seele mit euch
im Frieden scheiden.

Der Herr segne und behüte dich

DER HARRT AUS UNTERM KREUZ

Wer einem Kranken beisteht,
der hilft dem leidenden Christus.

Wer einem Kranken ein gutes Wort sagt,
spricht ihm Gottes Wort zu.

Wer einem Kranken aufhilft,
gibt ihm den Halt Gottes.

Wer einem Kranken Trost spendet,
schenkt ihm die Zärtlichkeit Gottes.

Wer mit einem Kranken betet,
nimmt ihn in den Raum Gottes mit.

Wer bei einem Kranken bleibt,
harrt aus unter'm Kreuz Jesu.

Wer einen Kranken in seiner Not begleitet,
der erfährt die Nähe Christi.

SELIG, DER MENSCH, DER SEHENDE AUGEN HAT;

selig,   der mit wachen Ohren hört;
selig,   der seinen Nächsten wahrnimmt;
selig,   der ein offenes Herz für ihn hat;
selig,   der des anderen Wunden erspürt;
selig,   der den Mitmenschen annehmen kann;
selig,   der ihm aufmerksam zuhört;
selig,   der den Kranken aufsucht;
selig,   der ihn tröstend in sein Herz nimmt;
selig,   der dem Notleidenden beisteht;
selig,   der Mensch, der dessen Last mitträgt;
selig,   der beim Schwermütigen ausharrt;
selig,   der dem Versöhnung und Frieden bringt;
selig,   der dem Altgewordenen ein gutes Wort gibt;
selig,   der in der Begegnung viel Geduld aufbringt;
selig,   der den anderen seine Güte spüren lässt;
selig,   der den Sterbenden begleitet;
selig,   der fürbittend und helfend bei ihm bleibt;
selig,   der ihn ins Leben Gottes hineingibt;
selig,   der den Trauernden beisteht.

Selig, denn Gott hat Freude an einem solchen Menschen;
er ist gesegnet und geliebt.

GOTT MIT DIR

Gott sei bei dir,
dass du nicht allein bist.

Gott sei um dich,
dass du ruhig bist.

Gott sei vor dir,
dass du geführt bist.

Gott sei hinter dir,
dass du beschützt bist.

Gott sei über dir,
dass du geborgen bist.

Gott sei unter dir,
dass du getragen bist.

Gott sei in dir,
dass du in ihm bist –

im Leben Gottes,
des Vaters und des Sohnes
und des Heiligen Geistes.

SEI GESEGNET

Gott, der Vater, segne dich.
er hält dein Leben in seiner Hand.

Gottes Sohn, Jesus Christus, segne dich,
er hat dein Leben erlöst.

Gott, der Heilige Geist, segne dich,
er hat dein Leben geheiligt.

GOTT STEHE DIR BEI
Gott bewahre dich vor dem Bösen
und gebe dir die Kraft zum Guten.

Gott stehe dir bei in jeglicher Not
und tröste dich durch seine Gegenwart.

Gott schenke dir seine Zuwendung
und lasse dich sein im Frieden.

Er, Gott, der Vater durch Jesus Christus
in der Gemeinschaft des Heiligen Geistes.

GOTT GIBT DICH NICHT AUF
Der Gott des Lebens
stehe dir bei und helfe dir,
dass du dein Kreuz annehmen kannst,
ohne daran zu zerbrechen;

dass du das Leid ertragen lernst,
ohne zu verzagen und zu verzweifeln;

dass du auch durch Dunkelheit zu gehen wagst,
ohne dich aufzugeben;

dass du mit offenen Fragen zu leben versuchst,
ohne die Hoffnung zu verlieren;

dass du auch Schweres auf dich nimmst,
ohne darunter liegen zu bleiben;

dass du mit Gottes Hilfe rechnest,
ohne dass du dich aufgibst;

dass du an Gottes Güte glaubst,
ohne Wenn und ohne Aber.

LEBEN UND HEIL FÜR DICH
Die Liebe Gottes, des Vaters,
mache dich zuversichtlich.

Die Erlösung durch Jesus Christus
befreie dich aus Sünde und Tod.

Die Kraft des Heiligen Geistes
schenke dir Leben und Heil die Fülle.

ER IST DIR GUT
Der Gott der Geduld und des Trostes
stehe dir bei und sei dir gut.

Der Gott der Erbarmung
komme dir entgegen und verzeihe dir.

Der Gott des Lebens
richte dich auf und heile dich:

Er, Gott, der Vater,
durch Jesus Christus im Heiligen Geist.

IM SCHUTZ DES HÖCHSTEN
Der dreifaltige Gott
nehme dich in seine Liebe,
bewahre dich in seiner Treue
und gebe dir das Leben
in seinem Namen:
Im Namen des Vaters und des Sohnes
und des Heiligen Geistes.

SO SEGNE UNS

Gott, wir bitten um deinen Segen:

Seine Kraft wirke in dir,
seine Güte versöhne dich,
seine Hilfe richte dich auf,
seine Weisheit führe dich,
seine Treue mache dich sicher,
seine Allmacht beschütze dich,
seine Liebe heile dich.

So segne dich Gott,
der Vater und der Sohn
und der Heilige Geist.

HERR, BLEIBE BEI UNS

Herr, bleibe bei uns.
Bleibe bei uns als das Licht in unserer Finsternis.
Bleibe bei uns als die Kraft in unserer Versuchung.
Bleibe bei uns als das Erbarmen in unserer Sünde.
Bleibe bei uns als die Macht in unserer Ohnmacht.
Bleibe bei uns als das Heil in unserer Krankheit.
Bleibe bei uns als der Friede in unserer Unversöhntheit.
Bleibe bei uns als der Trost in unserem Leid.
Bleibe bei uns als die Hoffnung in unserem Sterben.
Bleibe bei uns als das Leben in unserem Tod.
Bleibe bei uns als die Erfüllung unserer Sehnsucht.
Herr, bleibe bei uns.

ER FÜHRE DICH

Unser Herr Jesus Christus
führe dich an seiner Hand

aus dem Vergänglichen ins Bleibende,
aus dem Vorläufigen ins Endgültige,
aus dem Schein ins Sein,
aus der Finsternis ins Licht,
aus der Heimatlosigkeit ins Himmelreich,
aus der Verlorenheit ins Seligmachende,
aus dem Heillosen ins Heilige,
aus diesem Leben ins Gottes-Leben.

Unser Herr Jesus Christus
führe dich an seiner Hand.

SEI BEHÜTET

In Unsicherheit und Angst
schenk dir Gott seine Tröstung.

In Anfechtung und Nacht
schenk dir Gott seinen Schutz.

In Krankheit und Tod
schenk dir Gott sein Leben.

So sei in Gott behütet und geborgen,
im Vater, Sohn und Heiligen Geist.

GESEGNET SOLLST DU SEIN

Gott sei bei dir,
dann brauchst du dich nicht zu ängstigen.

Gott sei in dir,
dann darfst du aus ihm leben.

Gott sei um dich,
dann bist du umfangen und geborgen.

So sei gesegnet und geliebt von Gott,
dem Vater, Sohn und Heil'gen Geist.

AARONS SEGEN

Der Herr segne und behüte uns.
Er lasse sein Angesicht über uns leuchten
und sei uns gnädig.
Er schaue auf uns
und schenke uns seinen Frieden.
(Numeri 6,25)

ZUSPRUCH

Die Allgegenwart des Vaters
mache dich ruhig und gewiss.

Die Allmacht des Vaters
helfe dir auf in deiner Schwachheit.

Die Allweisheit des Vaters
führe dich den rechten Weg.

Die Allbarmherzigkeit des Vaters
vergebe dir deine Sünde.

Die Allheiligkeit des Vaters
heile und heilige dich an Leib und Seele.

Die Allsorge des Vaters
umfange und berge dich ganz.

Die Allgüte des Vaters
bringe dich in seine Herrlichkeit.

DER HERR SEGNE DICH

Der Herr segne dich
mit seiner heiligen Gegenwart
und berge dich in seiner Liebe.

Der Herr behüte dich
auf all deinen Wegen,
in Dunkelheit und im Licht.

Der Herr lasse sein Angesicht leuchten über dir
wie das Morgenrot der Sonne,
wie das milde Licht des Abends.

Der Herr sei dir gnädig,
rechne dir Verfehlung und Schuld nicht an
und schenke dir Vergebung und Versöhnung.

Der Herr erhebe sein Angesicht über dir,
führe dich nach seinem Willen
und sei dir Hilfe und Schutz.

Der Herr gebe dir Frieden
in deinem Herzen
und mit allen Menschen.

Der Herr sei für dich da
in allem und überall:
Der Vater, Sohn und Heiliger Geist.

GIB DEN KRANKEN LINDERUNG

Segne der Leidenden gebeugten Sinn,
der Menschen schwere Einsamkeit,
ihr ruheloses Sein;
das Leid,
das keiner einem andern anvertraut.
Vor allem gib den Kranken Linderung,
steh ihnen bei in ihren Schmerzen.
Die Not der Menschen segne,
die zur Stunde sterben;
gib ihnen, Gott, ein gutes Ende.
Und lehre die herzugeben,
denen du das Liebste hast genommen.
Dann segne alle, die von Herzen gut
und deinen Frieden suchen.

Franziskus von Assisi zugeschrieben

Aus der Tiefe rufe ich

STERBEN – ENDE ODER WENDE?

Der Tod ist unser ständiger Begleiter, ob wir es wahrhaben wollen oder nicht, er ist bereits in uns. Über'm Grab schon werden wir geboren, nur einen Atemzug lang sind wir von der Ewigkeit entfernt, unsere Existenz ist eine dauernd abschiedliche.

Das Sterben ist das Tor zu etwas anderem, zu Unbekanntem, zu Endgültigem. Dunkler und schmerzlicher Durchgang ist es, mit Geburtswehen verbunden, hinein in eine andere Welt. Das glauben wir.

Unser Sterbebegleiter ist nicht der erschreckende Sensenmann; es ist ein Engel, der uns hinüberbringt, es ist der Diakon Gottes, der uns hinüberhilft.

Manche freunden sich an mit ihrem Sterben in einer bewussten Einübung. Sie sehen den Tod als Herausforderung, Leben loszulassen, ehe es uns verlässt; sie geben sich her, noch ehe ihnen dies Leben genommen wird. Solche Kunst des Lebens ist der Vor-gang, ist die Voraussetzung für die Kunst des Sterbens.

Viele verdrängen ihr Sterben, überspielen es mit ihrem Aktionismus und durch banale Ablenkungen, machen daraus nur ein biologisches Widerfahrnis: Dann ist eben Schluss!

Für uns kommt alles darauf an, uns mit unserem persönlichen Sterben vertraut zu machen, mit dem Herrn über Leben und Sterben uns bewusst und wahrhaftig einzulassen, mit der Gegebenheit und der Gewissheit unseres Sterbens tagtäglich leben zu lernen. Es bedeutet das Wissen um den großen Sinn des Jetzt und Hier, liebende Menschen zu werden; die Beziehung des Augenblicks zur Ewigkeit zu erkennen, in der uns Christus erwartet im Licht Gottes.

DIE WAHRHEIT AM KRANKENBETT

Wenn ein Angehöriger in der Familie schwer krank ist oder zum Sterben kommt, sind wir oft in einer großen Sprachlosigkeit.

Es ist schwer, miteinander zu reden, nicht nur Allgemeines, Ablenkendes, Vertuschendes. – Die Sprache ist uns gegeben, um uns selbst ins Wort zu bringen, verantwortlich und wahrhaftig. Aber auch, um genau auf das zu hören, was der andere selbst mitteilen oder auch nicht sagen will. – Es fällt auf, dass wir den anderen, gerade in einem schweren »Befund« schonen oder ihm den letzten Funken an Hoffnung nicht nehmen wollen.

So bringen sich die Allernächsten um die Redlichkeit und um die Wahrheit, die doch gerade Sich-Liebende anvertrauen und zumuten sollten. Dabei wissen meist beide, der Kranke und seine Angehörigen, wie es wirklich um sie steht. Warum dann das Schwere und Notvolle, das Voneinander-gehen-Müssen verschweigen?

Deshalb gilt: Am Krankenbett einander die Wahrheit sagen! Denn die Wahrheit macht frei. Allerdings gehört es zur Herzensbildung, diese nicht unvermittelt und überraschend zuzusprechen und zuzumuten. Die noch tragende Hoffnung darf nicht genommen werden. Nicht alles, was wahr ist, muss auch direkt und massiv gesagt werden. Die Liebe braucht die Wahrheit, die Wahrheit die Liebe!

ALLES WILL ZUM SINN KOMMEN
Gott, du weißt um mich:
Ich bin krank und kann nicht mehr.
Warum du mir das Leiden schickst,
frage ich mich.
Ich finde keine Antwort.
Dennoch will ich es annehmen
und nicht zweifeln,
dass du mich trotzdem liebst und an mich denkst.
Lass mich Ja sagen zu deinem Willen,
zu deiner Fügung,
die mein Heil und meine Heiligung will.
Hilf mir tragen, was schwer ist und mich bedrückt.
Bewahre mich vor Verzagtheit und Verzweiflung.
Ich glaube: Vor dir ist kein Opfer umsonst,
alles will zum Sinn kommen.
Gib mir Geduld und Ergebung
in diesen Tagen der Krankheit.
Sei und bleibe mir nahe,
segne mich in deiner Liebe.
Nichts kann mich scheiden von dir.
Ich gehöre dir.
Du, erweise dich als der Gott meines Heiles.

WIR GEBEN IN DEINE LIEBE
Bruder und Retter Jesus Christus,
wir geben in deine Liebe
unseren kranken Bruder/unsere kranke Schwester.
Gib ihm/ihr Gottes Erbarmen
und lass ihn/sie spüren,
dass er/sie zu dir gehört,
für den/die du da bist
und für den/die du dich am Kreuz hergegeben hast.
Bewahre ihn/sie in deinem Namen,

dass ihn/sie nichts anfechte,
nichts ihn/sie dir nehmen kann.
Bringe ihn/sie heim
in deine himmlische Wohnung,
die du für ihn/sie bereitet hast
und bereit hältst,
damit er/sie zur Fülle des Lebens kommen darf.

BEWAHRE MEINEN NAMEN

Du Gott meines Lebens,
gewollt und bejaht von dir,
bin ich Mensch, dein Kind, geworden.
Gehalten und geführt von dir,
durfte ich deine Fügung und Führung erfahren.
Nie wirst du mich vergessen,
immer habe ich deine Liebe verspürt.
Dafür danke ich dir.

Du Gott meines Lebens,
wenn meine Tage jetzt kürzer werden
und die Nacht des Sterbens mich bedroht,
dann bitte ich nur um dies:
Bewahre meinen Namen in deinem Herzen,
rufe mich, zu dir zu kommen.
Du Gott meiner Sehnsucht und meines Heimwehs,
ich liebe dich!

NIMM MICH ZU DIR
Mein Herr und mein Gott,
dir gebe ich mein Leben zurück,
bewahre es zu deinem Leben.
Was mich noch binden will,
ich will es loslassen,
dass ich frei bin für dich.
Nimm meine Angehörigen in deinen Schutz;
ich vertraue sie dir an,
segne sie und sorge für sie.
Wenn ich jemanden verletzt und belastet habe,
bitte ich sie um Verzeihung;
ich will, dass Frieden ist
zwischen mir und meinen Mitmenschen,
dass ich selbst in Frieden gehen kann.
Das Nicht-Getane, das Un-Gute,
das Schuldiggebliebene in meinem Leben,
vergib es mir; ich bin so angewiesen
auf deine Treue und deine Barmherzigkeit.
Danken darf ich dir
für deine Führungen und Fügungen,
die ich erfahren habe.
Gut bist du und großmütig,
denn du hast mir deine Güte und Gnade geschenkt,
mir das Nötige gegeben für jeden Tag
und noch mehr dazu.
Wenn du mich bald heimrufst,
dann lass mich sein in deinem Bund,
in den du mich berufen hast: Dir gehöre ich.
Nimm mich zu dir,
nimm mich in deine Weite und in deine Schönheit,
lass mich sein in deiner Freude
und in deiner glücklich machenden Liebe,
mein Herr und mein Gott.

DEIN WILLE GESCHEHE
Vater im Himmel, dein Wille geschehe!

Deine Gedanken sind nicht meine Gedanken:
Du hast anderes mit mir vor.
Dein Wille geschehe!

Deine Wege sind nicht meine Wege:
Du willst sie zum Ziel bringen.
Dein Wille geschehe!

Deine Entscheidungen sind nicht meine Entscheidungen:
Du ordnest mein Leben nach deiner Vorsehung.
Dein Wille geschehe!

Deine Pläne sind nicht meine Pläne:
Du fügst alles zum Besten und zu meinem Heil.
Dein Wille geschehe!

Deine Fügungen sind nicht meine Verfügungen:
Du machst alles recht und gut.
Dein Wille geschehe!

Vater im Himmel,
dein Wille geschehe!

DA FINDEN WIR DICH IMMER

Herr und Bruder Jesus Christus,
du bist ins Kreuz gegangen
und hast für uns den Tod erlitten.
Du hast dich für uns hingegeben,
um uns in unserer Schuld zu versöhnen.
Das hat deine Liebe getan.
Mehr konntest du nicht für uns tun:
Alles gabst du für uns, dich selbst.

Wir aber haben Angst im Leiden,
vor der Krankheit und dem Sterben.
Wir wollen uns nicht drein- und daruntergeben.
Gib uns doch die Kraft,
mit unter deinem Kreuz zu stehen,
um dir ganz nahe zu sein.
Denn da finden wir dich immer,
immer in der Liebe zu uns.

... UND SCHENK MIR

Herr, nimm an meine Ängste
und schenk mir mehr Vertrauen.

Herr, nimm an meine Krankheit
und schenk mir dein Heil.

Herr, nimm an mein Leiden
und schenk mir deine Tröstung.

Herr, nimm an meine Einsamkeit,
und schenk mir dein Mit-mir-Sein.

Herr, nimm an meine Mutlosigkeit
und schenk mir deinen Zuspruch.

Herr, nimm an meine Schwäche
und schenk mir deine Kraft.

Herr, nimm an mein Sterben
und schenk mir deine Auferstehung.

TU MIT MIR, WAS DU WILLST
Unerforschlicher Gott,
vieles muss ich jetzt loslassen,
was ich bisher festgehalten habe,
und noch mehr weggeben,
an dem ich gehangen bin.
Nur meine eigene Armut bleibt mir.
Du hast meine Wege durchkreuzt,
mir meine Pläne genommen.
Du hast anderes mit mir vor.

Soll ich mich gegen dich wehren,
mich gegen dich aufbäumen?
Ich kann nicht vor dir fliehen,
du hast mich eingeholt
und mich überwältigt.

Ich will Ja sagen zu dem,
was du mit mir vorhast,
will glauben, dass du keinen Fehler machst.
In dich hineingeben will ich mich,
in deine Fügung und Verfügung.
Ich gebe mein Leben
in deine Sorge, in deine Güte.
Tu mit mir, was du willst.
Du machst alles recht.

NICHTS SOLL DICH ÄNGSTIGEN

Gott, ich habe Angst,
Angst, ob es mit mir weitergeht
und wie es mit mir weitergeht.
Es ist mir,
als hätte ich keinen Boden mehr unter den Füßen,
als gäbe es keinen Himmel mehr über mir.
Gestalten der Finsternis,
des Zweifels und der Verzweiflung
bedrängen und bedrohen mich.
Ich bin zu schwach, mir selbst zu helfen.
Nur meine Ohnmacht,
meine Grenzen und meine Armut spüre ich.

Dennoch: Du bist da, Gott,
und du bist für mich da.
Wie gut, dass du zu mir sagst:
Mein Kind, nichts soll dich ängstigen,
nichts dich erschrecken.
Alles geht vorüber.
Ich aber bin und bleibe dein Gott,
derselbe wie eh und je,
der verlässliche und treue.
Ich stehe zu dir,
du hast mich und hast mit mir alles.
Ich, dein Gott, liebe dich
und halte dich in meinen Händen.
Ich werde dich retten.
Glaube daran!

ICH GEBE MICH

Gott, ich gebe mich in deine Hand.
Wenn Dunkelheit über mich kommt,
dann sei du mein Licht.
Wenn ich Not und Leid zu tragen habe,
dann sei du meine Kraft.
Wenn ich zu schwach bin, Gutes zu tun,
dann vollende du es in deiner Gnade.
Wenn mir Freude geschenkt wird,
dann lass du mich zur Dankbarkeit finden.
Wenn mir gute Menschen begegnen,
dann gib du mir durch sie deine Liebe.
Wenn ich in Verzagtheit und Angst gerate,
dann gewähre du mir deine Nähe, deinen Trost.
Wenn ich das Leben haben darf,
dann lass du es mich dankbar von dir annehmen.
Wenn ich den Tod erleiden muss,
dann steh du mir bei
und führe mich zu deiner Ewigkeit,
in deine erfüllende Seligkeit.

VERTRAUEN

Mein Gott und Vater,
wenn ich sterben werde,
dann komme ich zu dir.
In deinem Auftrag habe ich
den Acker meines Lebens bestellt.
Dein ist die Saat und dein ist die Frucht.
Bringe mich ein in deine Scheune
und bringe mich heim in deine Wohnung,
die du mir bereitet hast
und für mich bereit hältst.
Dann bin ich im Glück deines Lebens.

SO HILF MIR DOCH

Mein Gott,
ich bin krank, ich fühle mich schwach.
Auch wenn die Ärzte
und meine Angehörigen es mir verschweigen:
Ich spüre es doch,
dass es mit mir zu Ende geht.
Aber ich will nicht sterben,
ich möchte leben.
Manches wollte ich noch tun,
an vielem halte ich mich fest.
Ich denke an meinen Gatten,
an meine Kinder, die mich brauchen.

Mein Gott,
so hilf mir doch, du kannst es.
Gib mir noch ein wenig Zeit,
ich hänge am Leben.
Verlass mich nicht, ich brauche dich.
Wenn du aber anderes mit mir vorhast,
dann sei du mir nahe in meinem Dunkel,
sei bei mir in meinem Sterben.
Und wenn ich nicht mehr
für die Meinen sorgen kann,
dann tue du es,
behalte sie in deinem Segen
und bewahre sie unter deinem Schutz.
Mich aber nimm an, wie ich bin:
Sei mir der barmherzige Gott,
mein guter Vater,
dem ich immer gehören wollte.

BLEIBE BEI MIR
Mütterlich-väterlicher Gott,
mein Leben ist in deiner Hand
und in deiner Sorge.
Es kommt von dir
und es will wieder heim zu dir.
Ich überlasse mich dir mit allem.
Du führst mich in deiner Güte.
So wie du willst, will auch ich.
Bleibe bei mir.

Wenn Ängste über mich kommen,
tröste und stärke mich.
Wenn ich Schmerzen habe,
lindere sie durch deine Nähe.
Wenn ich allein bin,
schenke mir deine Zuwendung.

Wenn die Stunde meines Todes kommt,
dann erweise dich mir
als mein mütterlich-väterlicher Gott.
Nimm mich heim
in deine lichte Herrlichkeit
und in deine ewige Seligkeit.

Darum bitte ich durch meinen Erlöser
und Heiland Jesus Christus,
in dessen Leiden und Sterben,
in dessen Auferstehung und Erhöhung
ich mich ganz hineingebe,
ergebend und glaubend,
hoffend und vertrauend.

LASS MICH DICH ERKENNEN

Gott, ich verlasse meine bisherige Wohnung,
die Welt,
und alles, was ich zusammengetragen und gehütet habe.
Alle Dinge, die mir wert waren,
lasse ich hinter mir.
Von allen Menschen, die ich geliebt habe,
nehme ich Abschied.
Und ich gehe durch eine dunkle Nacht
in ein helles Licht.
Bist du es, der mich ruft,
bist du ein mütterlich-väterlicher Gott,
der auf mich wartet?
Dann umfange mich
mit deiner Nachsicht und Barmherzigkeit.
Lass mich dich erkennen
in deiner Größe und Güte
und mich erfreuen deiner Liebe.

ICH VERTRAUE

Gott, du bist mein Vater,
auch in Krankheit und in Not.
Ich glaube,
du bist da und willst mein Bestes.
Du bist die Liebe,
ich übergebe mich deinem heiligen Willen.

Gott, ich vertraue dir
und vertraue mich dir in allem an,
auch wenn deine Hand mich fest führt –
durch die dunkle Nacht des »Warum«:
Warum mutest du mir das Schwere zu,
warum jetzt, warum so?

Gott, ich weiß nicht,
wie es mit mir weitergehen soll.
Doch ich will glauben,
dass du mein Jetzt und mein Morgen bist.
Auf wen sollte ich denn hoffen,
wenn nicht auf dich!

ZU DIR KOMME ICH

Gott, mein Gott,
zu dir komme ich:
Du nimmst mich an.
Du hilfst mir und rettest mich.
Du bist mir Hilfe und Schutz,
in deinem Namen bewahre mich.

Gott, mein Gott,
auf dich verlasse ich mich.
Auf dich setze ich mein Vertrauen:
Mein Leben ist in deiner Hand.
Du wirst mich beschützen,
du wirst mich befreien in deine Weite.
Ich glaube und halte daran fest,
weil ich dies schon oft in meinem Leben erfahren durfte.

Gott, mein Gott,
ich lobe dich und danke dir für dein
Zu-mir-Stehen, für deine Sorge Tag für Tag.
Du vergisst die nicht,
die du beim Namen gerufen hast,
du bewahrst alle, die auf dich hoffen.
Nimm meine Schuld von mir.
Hilf mir aus meiner Angst und Not,
dass ich mich freue an deiner Macht und Güte.

IN DEINE HÄNDE
Vater im Himmel,
in deine Hände empfehle ich meinen Geist.
Mein Leben, von dir empfangen, gehört dir.
Ich gebe es dir dankbar wieder zurück.
Meine Not, meine Schmerzen, meine Angst,
nimm sie an.
Meine Schwäche, mein Versagen, meine Schuld,
nimm sie an.
Mein Glaube, meine Hoffnung, meine Liebe,
nimm sie an.

Vater im Himmel,
in deine Hände empfehle ich meinen Geist.
Mein Weg, den du mir aufgetragen hast,
geht hier zu Ende.
Ich bitte dich, führe ihn zu dir,
Mein Gehen und Ruhen,
mein Bemühen und meine Müdigkeit,
nimm sie an.
Meine Umwege und Abwege,
meine Unentschlossenheit und Halbheit,
nimm sie an.
Meine Höhen und Tiefen, das Schöne und das Schwere,
nimm sie an.

Vater im Himmel,
in deine Hände empfehle ich meinen Geist.
Mein Menschsein, zu dem du mich berufen,
überlasse ich in allem dir.
Meine getane und vertane Verantwortung in Kirche
und Gesellschaft,
nimm sie an.
Meine Begegnungen mit Menschen, den gelungenen
und verlorenen,
nimm sie an.

Meine Zuneigung und Zuwendung an meine Lieben,
nimm sie an.
Vater im Himmel,
in deine Hände empfehle ich meinen Geist.

RUF AUS DER TIEFE

Herr, mein Gott,
in meiner Not rufe ich zu dir.
Hilf mir in meiner Verzagtheit.
Rette mich aus meiner Nacht.
Lindere meine Schmerzen.
Stärke mich in meiner Schwäche.
Ich will am Leben bleiben.

Herr, mein Gott,
ich vertraue dir und vertraue mich dir an.
Du bist bei mir und verlässt mich nicht.
Lass meine Krankheit mir zum Heil werden.
Dein Wille geschehe an mir und mit mir.
Gib mir die Zuversicht auf dein Leben,
wenn du mich heimrufst zu dir.

UND LASS MICH HOFFEN

Jesus, nimm mich an die Hand
und führe mich.
Jesus, weise mir den Weg
und geh mit mir.
Jesus, bestärke mich
und steh mir bei.
Jesus, ermutige mich
und lass mich hoffen.
Jesus, verlass mich nicht
und trag mit mir mein Kreuz.
Jesus, liebe mich
und bring mich ins Leben Gottes.

ICH GEBE IN DEINEN SCHUTZ

In deinen Schutz, Herr, in dein Leben
gebe ich meinen bedrückten Geist.
Ich sorge mich, wie es mit mir weitergehen soll.

In deinen Schutz, Herr, in dein Leben
gebe ich mein ängstliches Herz.
Ich habe soviel Unruhe in mir und suche Halt.

In deinen Schutz, Herr, in dein Leben
gebe ich meine wunde Seele.
Ich bitte um dein Heil,
um deine Heilung und Heiligung.

In deinen Schutz, Herr, in dein Leben
gebe ich meinen kranken Leib.
Ich kann mir nicht selbst helfen,
aber du vermagst es.

In deinen Schutz, Herr, in dein Leben
gebe ich mein armes Leben.
Ich glaube an deine Allmacht und an deine Hilfe.

Der Herr trockne deine Tränen

In der Todesstunde

IN TRAUER

Nach dem Verscheiden eines geliebten Menschen, im Abschiednehmen-Müssen von ihm, fällt der Zurückbleibende, der Alleingelassene in die Trauer – wie in einen Abgrund. Leer ist es um ihn geworden, er spürt den Mangel. Sooft er auch sucht, er findet den nicht mehr um sich, der ihm vertraut, der ihm so notwendig, der sein Eigen war. Solcher Verlust stürzt den Einsamgewordenen in eine Lebenskrise, oft auch in eine Glaubenskrise. Gefühle überwältigen, seelische und körperliche Schmerzen setzen zu, Unterlassungen und Schuld bedrücken – man hätte ja manches anders machen können. Traurigkeit und Klage kommen aus dem Herzen, von dort, wo alles so wund geworden ist.

Manche schreien ihre Not heraus; wenn sie weinen können, löst sich der schwere Stein. Andere schließen sich ein und schließen sich von ihren Mitmenschen aus; sie wollen stummgeworden allein sein. Wieder andere sind verbittert, klagen Gott und die Welt an, sehen keinen Sinn und keine Zukunft mehr. Und da sind jene, die ihr Geschick, das ihnen Geschickte, im Klagen vor Gott bringen wegen des Genommenen oder auch ihm Dank sagen für das lange Gewährte. Sie versuchen sich in den Willen Gottes hineinzugeben, im Dreinschicken, im Gebet, im Vertrauen. Über denen steht die Verheißung, dass sie zum Leben zurückfinden werden.

SELIG DIE TRAUERNDEN

Selig die Trauernden,
die der Tod eines Menschen berührt;
die mitfühlen und mitleiden
beim Gehen eines Geliebten,
bei seinem Abschied und ob seines Fehlens;
die schweigend dabei bleiben
und mitaushalten Verzagtheit und Erschütterung,
wehe Betroffenheit und Leere;
die mit offenen Fragen,
auch mit der Anfrage an Gott leben können,
ohne daran zu verzweifeln oder bitter zu werden;
die Tränen mitweinen
und auch anderen Tränen trocknen;
die Bisheriges und Gewesenes loslassen
und den Verstorbenen
in Gottes Hand hineingeben,
von der er liebend umschlossen ist.
Selig die Trauernden,
sie bleiben nicht die, die sie waren,
sie sind durch die dunklen Wasser
der Bedrohung gegangen – ans andere Ufer,
an dem Gott selber tröstet;
sie haben erfahren,
dass unsere Welt in Geburtswehen liegt,
um Neues, Geläutertes, Gereiftes zu gebären;
sie sind Gezeichnete des Leidens
und des Kreuzes Jesu eingehüllt von Finsternis:
Aber bald schon geht die Ostersonne über ihnen auf.

ER TROCKNET DEINE TRÄNEN
(VOR DEM VERSCHEIDEN)

Der Herr bewahre und segne dich,
wenn du jetzt vom Tod herausgerufen wirst
aus dem Irdischen und Vergänglichen
und er dich bringt in Gottes bleibendes Leben.

Der Herr bewahre und segne dich,
wenn du jetzt die Deinen verlässt,
mit denen du gelebt hast,
um mit ihnen verbunden zu bleiben in Gott.

Der Herr bewahre und segne dich,
wenn du jetzt Abschied nimmst von dieser Welt,
in der du viele Wege gegangen bist:
Bald bist du am Ziel der verheißenen Ewigkeit.

Der Herr bewahre und segne dich,
wenn du bald nach den Leiden dieser Zeit
von Gott selbst erfahren wirst,
wie er deine Tränen trocknet, deine Wunden heilt.

Der Herr bewahre und segne dich,
wenn du bald, freigemacht von aller Schuld,
in der Herrlichkeit Gottes leben darfst,
ganz im Licht, in der Liebe, in seinem Leben.

... UND KLOPFE BEI DIR AN
(VOR DEM VERSCHEIDEN)

Unser Erlöser und Bruder Christus spricht:
Siehe, ich komme bald.
Schon stehe ich vor der Tür
und klopfe bei dir an.
Ich hole dich heim zum Vater.
Bei ihm ist die Wohnung für dich bereit.
Dann darfst du bei Gott sein
und ihn schauen in seinem Licht.
Darfst ihn erfahren in seiner Größe und Güte.
Auf immer und ewig wirst du bei ihm sein:
bei ihm, der dich erschaffen,
bei ihm, der dich berufen in sein Reich,
bei ihm, der dich bezeichnet hat und liebt,
bei ihm, dessen Sohn/Tochter du bist.
Unser Erlöser und Bruder Christus spricht:
Siehe, ich komme bald.
Schon stehe ich vor der Tür
und klopfe bei dir an.
Ich hole dich heim zum Vater.

MACH DICH AUF DEN WEG
(BEIM VERSCHEIDEN)

Mach dich auf den Weg,
lieber Bruder/liebe Schwester,
zu deiner ewigen und erfüllenden Heimat:
Im Namen Gottes, des guten Vaters,
der dein Leben gewollt
und dich jetzt heimruft zu sich;
im Namen Jesu Christi, des Sohnes Gottes,
der für dich gelitten und dich erlöst hat;
im Namen des Heiligen Geistes,
der sich dir geschenkt
und dich geheiligt hat in der Taufe.

Gott nehme dich auf
in seine ewige Wohnung,
wo dir bereitet ist der Platz der Seligkeit
in Gemeinschaft mit allen Berufenen
und Begnadeten;
mit der seligen Gottesmutter Maria,
mit deinem heiligen Namenspatron/
deiner heiligen Namenspatronin,
mit allen Engeln und Heiligen des Himmels.

HEIMGEGANGEN ZU DIR
(NACH DEM STERBEN)

Herr-Gott, unser Bruder/unsere Schwester
ist von uns fortgegangen.
Wohin? – Weg von uns.
In eine andere Welt.
Heimgegangen zu dir, in dein Licht,
in dein wunderbares, erfüllendes Leben.
Das glauben wir.
Denn du lässt niemanden verloren sein.
Du hast ihn/sie berufen
in die große Familie der Gotteskinder.
Wir sind zwar traurig,
dass wir ihn/sie nicht mehr unter uns haben.
Aber wir sind gewiss,
dass er/sie bei dir ist.
Bei dir, in der Gemeinschaft der Geretteten
dürfen wir ihn/sie daheim wissen.
Das macht uns getrost.
Sein/ihr Weg ist zum Ziel gekommen.
Wir sind dorthin noch unterwegs.
Nach einer kurzen Weile
werden wir uns wiedersehen dürfen
im Reich der Himmel,
vor deinem Angesicht,
in deiner glückselig machenden Liebe.
Bewahre in uns diese Hoffnung!

DEIN HEILIGER WILLE GESCHEHE
(NACH DEM STERBEN)

Unbegreiflicher Gott,
der du unser aller Leben in deinen Händen hältst.
Für unseren Bruder/unsere Schwester
ist die Zeit der Pilgerschaft zu Ende gegangen.
Wenn wir auch tief betroffen sind
von diesem Sterben,
so versuchen wir doch zu beten:
Dein heiliger Wille geschehe!
Unser Bruder/unsere Schwester ist jetzt
erlöst von Schmerzen und Krankheit.
Du führst ihn/sie, das hoffen wir,
von der Vorläufigkeit in die Endgültigkeit,
vom Weg des Glaubens in die Vollendung
des Schauens.
Lass ihn/sie in der Gemeinschaft der Erlösten
bei dir leben und glücklich sein!
Wir bitten auch für die,
die im Leid und in der Leere zurückgelassen sind;
sie müssen ohne ihn/sie auskommen.
Was ihnen bleibt, ist die Erinnerung
und Dankbarkeit
an einen guten Menschen,
den du ihnen als Lehen und Liebe gegeben hast.
Lass sie sich nicht verlieren in der Trauer.
Gib du Ermutigung und Kraft,
ihr eigenes Leben im Vermächtnis
des Von-uns-Gegangenen zu leben,
in der Treue zu Jesus, ihm nach.
Dann werden wir alle
mit dem uns Vorausgegangenen verbunden bleiben
in der Familie deiner berufenen
und von dir geliebten Söhne und Töchter.

CHRISTUS NEHME DICH AUF
(NACH DEM VERSCHEIDEN)

Kommt herzu, ihr Heiligen Gottes,
eilt ihm/ihr entgegen, ihr Engel des Herrn.
Nehmt auf seine/ihre Seele
und führt sie hin vor das Antlitz des Allerhöchsten.
Christus nehme dich auf,
der dich berufen hat,
und in das Himmelreich sollen Engel dich geleiten:
Nehmt auf seine/ihre Seele
und führt sie hin vor das Antlitz des Allerhöchsten.
Herr, gib ihm/ihr die ewige Ruhe,
und das ewige Licht leuchte ihm/ihr.
Nehmt auf seine/ihre Seele
und führt sie hin vor das Antlitz des Allerhöchsten.
Aus: Die Feier der Krankensakramente

Lasst uns beten:
Gott, du hast deinen Sohn Jesus Christus
nach seinem Sterben am Kreuz um unseretwillen
in deiner Macht vom Tode erweckt.
So schenke auch unserem Bruder/unserer Schwester
nach seinem/ihrem Sterben die Vollendung
und Erfüllung aus Gnade bei dir.
Alle aber, die zurückbleiben in der Familie
und im Bekanntenkreis,
nimm in deinen Schutz und erweise ihnen
Beistand und Trost im Leid des Abschieds.
Darum bitten wir durch den gekreuzigten
und auferstandenen Herrn Jesus Christus,
jetzt und immer.

WIR ÜBERGEBEN DIR
(NACH DEM VERSCHEIDEN)

Heiliger Gott,
wir übergeben dir unseren Bruder/unsere Schwester.
Nach seinem/ihrem irdischen Dasein
nimm ihn/sie auf in deine Ewigkeit.
Erzeige an ihm/an ihr
dein Gutsein und dein Erbarmen;
vergib ihm/ihr, was nicht recht war,
lass ihn/sie deinen Frieden erfahren.
Deine heiligen Engel mögen ihm/ihr entgegengehen,
um ihn/sie heimzuholen in die ewige Heimat.
Christus, der gute Hirte, bringe ihn/sie zu dir;
die Wasser des Lebens mögen für ihn/sie strömen,
woraus er/sie trinken darf deine Seligkeit
im Paradies der Berufenen und Begnadeten.
Heiliger Gott,
wir übergeben dir unseren Bruder/unsere Schwester.

HEIMGEGANGEN ZU DIR
(NACH DEM STERBEN)

Herr, Gott,
du hast unseren Bruder N./unsere Schwester N.
in deine Ewigkeit gerufen.
Er/sie ist heimgegangen zu dir.

Wir danken dir für ihn/sie,
für sein/ihr Leben,
für die Jahre der Gemeinsamkeit und Gemeinschaft.
Wir sind an ihm/ihr gehangen,
haben ihn/sie mögen und geschätzt.
Wir können seine/ihre Sorge um uns

und alles Liebe, das er/sie uns erwiesen,
nicht vergelten;
nicht den Frieden, der von ihm/ihr ausgegangen ist,
nicht die Verlässlichkeit und Güte seines/ihres Wesens,
die uns froh und reich gemacht.

Nichts soll von diesem Leben verloren sein:
Er/sie möge auch nach seinem/ihrem Sterben
bei uns bleiben –
in der Erinnerung und als Zeugnis
für dich, unseren Gott,
der ihm/ihr nahe war im Leben und im Sterben,
der ihn/sie berufen
in die große Familie der Gotteskinder.

Wir übergeben ihn/sie in deine Barmherzigkeit:
Verzeih, was aus menschlicher Schwäche getan,
noch nicht erlöst ist,
sei ihm/ihr ein gnädiger Retter.

Uns aber werde sein/ihr Tod zur Mahnung,
bewusst und wachend dir entgegenzugehen,
der du uns entgegenkommst;
unsere Zeit, die du uns noch gibst,
auszukaufen und anzufüllen mit Gutem.
Sei du uns,
die wir trauern um den/die Heimgegangenen,
Trost in der Gewissheit,
dass auch wir unterwegs sind zur ewigen Heimat,
die du für uns bist.

IST VON UNS GEGANGEN
(NACH DEM STERBEN)

Gott, Herr über Sein und Sterben,
N. ist von uns gegangen.
Wohin?
Wir glauben, dass du das Ziel
all unserer Wege und Straßen bist.
Wohin?
Nicht ins Leere, nicht ins Nichts.
Wir hoffen, dass du uns hältst
und bewahrst in deinen guten Händen.
Warum?
Wir bekennen, dass unser Leben
nur in dir zur Erfüllung kommt,
unser Herz erst Ruhe findet in dir.
Warum?
Wir beugen uns deinem Willen,
der unsere Zeit bestimmt,
zu leben und zu sterben,
wie es für uns recht ist.
Und wir?
Wir sind betroffen und traurig,
weil wir durch den Tod von N.
ärmer geworden sind.
Und wir?
Wir haben zu danken für alles,
was er/sie uns bedeutet hat
auf dem gemeinsamen Weg,
was er/sie für uns war.
Was nun?
Du wirst uns helfen,
dass wir im Leid nicht versinken,
wirst uns beistehen,
unser eigenes Leben zu bestehen,
wachend und wartend auf dich.

Was nun?
Weiterleben wird unser Heimgegangener
in unserer Er-Innerung, in unserer Liebe.
Zu neuem, unsterblichem Leben wird er kommen
in dir, dem Gott des Lebens.

SEGNUNG DES TOTEN
(AUF DESSEN STIRN, DREIMAL)

In diesem heiligen Zeichen
ist dir unser Herr Jesus Christus
vorausgegangen – vom Tod zum Leben.

In diesem heiligen Zeichen
geben wir dich her
in Gottes gute Hand.

In diesem heiligen Zeichen
ist auch uns Hoffnung gegeben
auf Auferweckung und ewiges Leben.

(Die Anwesenden werden gebeten, das Kreuz auf die Stirn
des Toten zu zeichnen)

(Es kann auch dieses Segensgebet gesprochen werden:)

Gott, der Vater und der Sohn und der Heilige Geist
geleite dich durch das Dunkel des Todes
in sein helles Licht.

Er sei dir gnädig im Gericht
und rette dich in seiner Barmherzigkeit.

Er gebe dir Frieden und ewiges Leben die Fülle.

TOTEN-ROSENKRANZ
Herr, gib ihm/ihr die ewige Ruhe
und das ewige Licht leuchte ihm/ihr,
lass ihn/sie ruhen im Frieden.

Vater unser… Gegrüßet seist du, Maria…

Jesus, der für uns erlitten Schmerz und Tod
(zehnmal, danach:)

Herr, gib ihm/ihr die ewige Ruhe…

Vater unser… Gegrüßet seist du, Maria…

Jesus, der für uns überwunden Sünd' und Tod
(zehnmal, danach:)

Herr, gib ihm/ihr die ewige Ruhe…

Vater unser… Gegrüßet seist du, Maria…

Jesus, der für uns zur Hoffnung auferstand'
(zehnmal, danach:)

Herr, gib ihm/ihr die ewige Ruhe…

ANRUFUNG
Jesus Christus, du hast betend dein Leben vollendet:
Vater, in deine Hände übergebe ich mich.
Wir bitten dich:

Führe an deiner Hand unseren Verstorbenen/unsere Verstorbene seinen/ihren letzten Weg zum Himmelreich.
Herr, bring ihn/sie ins Leben Gottes!

Nimm sein/ihr Leben mit dessen Höhen und Tiefen,
mit seiner Größe und Schwachheit gütig an.

Vollende unseren/unsere Heimgerufene(n)
durch dein erlösendes Leiden und Sterben.

Stehe für ihn/sie ein vor Gottes Gerechtigkeit
und lass ihn/sie erfahren Gottes vergebende Gnade.

Bringe seine/ihre Sehnsucht nach Ganzheit und Heilheit
zur Erfüllung im Glück der Ewigkeit.

Jesus Christus, ist unser lieber Verstorbener/unsere liebe
Verstorbene auch von uns gegangen, so ist er/sie doch
heimgegangen zu Gott. Ist er/sie uns auch entrissen durch
den Tod, so sind wir doch dankbar, dass er/sie aufgenommen worden ist durch dich.

Mit dem Gebet, das du uns anvertraut hast, wollen wir uns
in Gottes Willen hineingeben:
Vater unser…

SEGENSWORT
Der Herr segne uns in unserem Leid und in unserer Trauer.
Der Herr zeige uns sein Antlitz, dass wir ihn sehen und
seine Nähe erspüren.
Der Herr behüte uns in unserer Betroffenheit und Not, in
unserem Zurückgelassensein und Alleinsein.
Der Herr wende uns sein Antlitz zu und sei uns gnädig, dass
wir in seiner Kraft tragen können, was uns aufgetragen ist.
Der Herr schenke uns seinen Frieden, die Versöhntheit mit
ihm und das Verstehen untereinander.

Wir geben unseren Heimgegangenen/unsere Heimgegangene in Gottes Leben und Licht und Liebe.
Wir geben uns selber in Gottes Sorge und Erbarmen.

VERABSCHIEDUNG EINES/EINER VERSTORBENEN

ERÖFFNUNG

Wir haben uns zusammengefunden, um uns von unserem lieben Heimgerufenen, von unserem/unserer N. N. zu verabschieden.
Lasst uns dies tun in Betroffenheit/im Schmerz der Trauer und im Glauben an Gott, der uns das Leben gibt und das Leben von uns wieder heimnimmt – zu sich:
Im Namen des Vaters und des Sohnes und des Heiligen Geistes. Amen.

GEBET

Herr und Bruder Jesus Christus, wir wissen, dass wir mitten im Leben umfangen sind vom Tod. Und doch erschrecken wir, wenn der Tod eintritt, um als Diakon Gottes einen lieben Menschen heimzuholen in die ewige Heimat. Sei in dieser schweren Stunde mitten unter uns da. Deine Nähe schenke uns Tröstung. Deine Stärke lasse uns annehmen, was uns im Verlust und in der Hergabe aufgetragen ist. Der Glaube an dich gebe uns die Zuversicht, dass der Tod das Ende nicht ist. Denn du hast den Tod am Kreuz durch deine Auferstehung überwunden und uns das Leben Gottes zugesprochen.
In dieses bleibende und erfüllende Leben geben wir unsere(n) verstorbene(n) N. N.: Er/sie möge sein für immer in Gottes Licht und Liebe und Vollendung. Amen.

LESUNG

Wir halten uns an das Bekenntnis des Apostels Paulus an die Gemeinde von Thessaloniki (1 Thess 4,13–14.18):
Schwestern und Brüder, wir wollen euch über die Verstorbenen nicht in Unkenntnis lassen, damit ihr nicht trauert wie die anderen, die keine Hoffnung haben. Wenn Jesus – und das ist unser Glaube – gestorben und auferstanden ist, dann wird Gott durch Jesus auch die Verstorbenen

zusammen mit ihm zur Herrlichkeit führen. – Tröstet einander mit diesen Worten!

(Ein persönliches Wort der Anteilnahme – wenn möglich)

FÜRBITTEN
Mit Zeichen und im Wort bringen wir unsere Bitten für unseren Heimgegangenen vor Gott durch Jesus:

– N. N. sei gezeichnet mit dem Kreuz, an dem dich unser-Erlöser Christus befreit hat aus Sünde und ewigem Tod.

Herr, erbarme dich – Christus, erbarme dich –
Herr, erbarme dich!

– Das Wasser der Taufe, in dem du berufen wurdest zu Gottes Kind und zum Erben Gottes, fließe über dich als Quell des Heils.

– Die Erde, aus der dein Leib gebildet worden und zu der du zurückkehrst, werde dir zum Ort der seligen Auferweckung.

– Die Blume in ihrer Schönheit und mit ihrem Duft sei dir ein Zeichen unserer Dankbarkeit, dass du mit und für uns gelebt hast.

– Der Friede (Zweig), den wir dir wünschen, sei in dir, dass Gottes Schalom, sein umfassender Friede, dich selig mache.

GEBET DES HERRN
Ins Gebet Jesu Christi nehmen wir alle unausgesprochenen Empfindungen und Bitten mit hinein:
Vater unser …

SEGENSWORT

Es segne uns alle Gott, der Vater, von dem wir kommen und zu dem wir wieder gehen.

Es rette uns Christus, Gottes Sohn, der in seinem Sterben unsere Ängste und Dunkelheiten durchlitten hat.

Es heile und halte uns Gottes Heiliger Geist, der uns beistehen wird in unserer Trauer und Not:

Der Vater und der Sohn und der Heilige Geist.

Gott behüte unseren Anfang und unser Ende, unseren Eingang und unseren Ausgang/Heimgang. Dem Verstorbenen aber schenke er die ewige Ruhe; sein ewiges Licht leuchte ihm. Der Herr lass ihn ruhen in Frieden.

WIR WAREN FÜREINANDER DA
(GEBET FÜR EINEN VERSTORBENEN EHEGATTEN)

Gott, unser Vater,
du hast meinen Mann/meine Frau zu dir genommen.
Vor vielen Jahren hast du uns begegnen lassen,
hast uns zusammengebracht zur Gemeinschaft der Ehe,
hast uns den gemeinsamen Weg geführt.
Wir waren uns nahe,
waren füreinander da in der Freude und in der Not,
in guter und in schwerer Zeit.
Wir waren einander zugetan,
auch wenn das Leben nicht immer leicht war.

Herzlich danke ich dir für meinen Mann/meine Frau,
für seine/ihre Verlässlichkeit und Liebe,
für seine/ihre Sorge um mich, für unsere Familie.
Durch ihn/sie durfte ich
von deiner Güte und von deinem Frieden erfahren.
Sein/ihr Glaube gab mir viel Ermutigung,
im Leben zu wachsen und reif zu werden.
Aus diesem Vermächtnis möchte ich auch ferner
mein Leben bestehen.
In dir soll er/sie geborgen sein:
Ich suche ihn/sie in dir, in deinem Herzen,
woraus ihn/sie keine Macht entreißen kann.
Das ist meine ganze Hoffnung.

UNSER LEID SCHMERZT
(GEBET MIT ANGEHÖRIGEN)

Gott, dem wir gehören,
wir schweigen hinein ins Geheimnis des Todes.
Worte auszusprechen, wir können es fast nicht.
Und doch will gesagt werden, was in uns vorgeht,
was uns berührt, was uns weh macht.

N. ist von uns gegangen; sein/ihr Herz steht still,
er/sie atmet nicht mehr,
aus seinem/ihrem Mund kommt kein Laut mehr, kein Wort.
Wir können, was geschehen ist, nicht fassen.
Warum dieses Sterben?

Unsere Fragen bleiben unbeantwortet.
Unsere Trauer ist tief, unser Leid schmerzt.
Wir sind ärmer geworden, das spüren wir.
Ein Mensch, der mit uns und für uns gelebt hat,
ist uns vorausgegangen.

Wenn wir nicht glauben könnten,
dass du ihn/sie gerufen, heimgerufen hast zu dir,
wir müssten verzagen, verzweifeln.
Lass uns doch dies zur Gewissheit werden,
dass er/sie jetzt in deinem Leben ist
und uns vieles voraus hat:
Sein/ihr Glaube lass werden zum Schauen,
seine/ihre Hoffnung zur Gewissheit,
seine/ihre Liebe zur Glückseligkeit in dir.

OSTERN VERHEISST …

Gott, der ein Gott des Lebens ist,
zeigt seine Unsterblichkeit und Mächtigkeit.
Er steht gegen den Tod auf,
bricht in die Todesmauer eine Tür,
stellt den Tod, den Zerstörer und Töter,
besiegt ihn und gewinnt.

Gott handelt zuerst an Jesus,
dem Gerichteten und Gekreuzigten.
Der Stein ist weg von seinem Grab,
das ihn ein- und wegschließen sollte;
offen ist sein Grab, geöffnet für das Leben,
für den neuen Schöpfungsmorgen,
der sich mit dem Aufgang der Sonne ankündigt.

Menschen kommen ans Grab,
um dem Toten die letzte Ehrung zu erweisen.
Sie begegnen dem auferweckten Herrn
in lichtvoller, göttlicher Gestalt.
Er gibt sich ihnen zu erkennen,
sie hören sein Wort,
sie essen mit ihm das geteilte Brot.

Sie glauben und bezeugen:
Christus ist erstanden! Er lebt!
Und sind überzeugt:
Er nimmt uns mit ins Gottes-Leben.
»Ich lebe, und auch ihr sollt leben.«
Wie denn sonst kämen wir zum Sinn,
zur Erfüllung, zur Vollendung!

Erich Legler

Geboren 1927. Kriegsteilnehmer, Verwundung, russische Gefangenschaft in Auschwitz, schwere Erkrankung.

1948 Studium der Katholischen Theologie in Tübingen.
Zusatzstudium in Pädagogik und Psychologie.
1953 Priesterweihe, Jugendkaplan und Konviktsdirektor.
Von 1972 bis 1996 Pfarrer und Dekan in Friedrichshafen.

Freier Mitarbeiter der Bistumszeitung und im Kirchenfunk des SWR.

Veröffentlichungen:
Bildbände, liturgische, homiletische und religionspädagogische Bücher, Glaubens- und Lebenshilfen.

Worte
in sprachloser Zeit

Angelika Daiker/
Anton Seeberger
Geh ein Wort weiter
Ein Trauerbegleiter für
365 Tage
Format 13,9 x 22,0 cm
400 Seiten
durchgängig zweifarbig
gestaltet
Hardcover mit Zeichenband
ISBN 3-7966-1078-1

Dieser Trauerbegleiter lädt ein, den eigenen Trauerweg zu gehen und sich dabei inspirieren zu lassen durch ein *Stichwort* des Tages, durch eine *Erfahrung*, an der sich die eigene abgrenzen kann, durch den *Text* eines Schriftstellers und durch ein *Gebet*, das auch im Zweifel den Dialog mit Gott wach zu halten versucht. Tag für Tag gibt es diese vier Elemente, die dem eigenen Weg einen Impuls geben.

 Schwaben**verlag**

buchverlag@schwabenverlag.de
www.schwabenverlag.de

Hoffnung
in trostloser Zeit

Angelika Daiker (Hrsg.)
Selig sind die Trauernden
Trauer- und Gedenkgottes-
dienste
Format 13,5 x 20,8 cm
216 Seiten
Paperback
ISBN 3-7966-0924-4

Seelsorgerinnen und Seelsorger sind nicht nur bei Begräbnissen, sondern bei vielen anderen Anlässen gefordert, die Botschaft des gnädigen und tröstenden Gottes zur Sprache zu bringen. Die Vielfalt von Gottesdiensten und Impulsen dieses Bandes will ermutigen, der Trauer der Menschen immer wieder Raum zu geben und mit ihnen nach Ausdrucksmöglichkeiten im Wort, im Gebet, in der Feier zu suchen.

 Schwaben**verlag**

buchverlag@schwabenverlag.de
www.schwabenverlag.de